BUFEN DUANQUELIANG

TUOHOU XIA KUCUN GUANLI

FANGFA YANJIU

邱晗光　张旭梅　/著

部分短缺量拖后下库存管理方法研究

中国财经出版传媒集团

经济科学出版社

Economic Science Press

图书在版编目（CIP）数据

部分短缺量拖后下库存管理方法研究/邱晗光，
张旭梅著 . —北京：经济科学出版社，2016.9
ISBN 978 - 7 - 5141 - 7307 - 9

Ⅰ.①部… Ⅱ.①邱…②张… Ⅲ.①库存 -
仓库管理 - 研究 Ⅳ.①F253.4

中国版本图书馆 CIP 数据核字（2016）第 233944 号

责任编辑：李　雪
责任校对：隗立娜
责任印制：邱　天

部分短缺量拖后下库存管理方法研究
邱晗光　张旭梅　著
经济科学出版社出版、发行　新华书店经销
社址：北京市海淀区阜成路甲 28 号　邮编：100142
总编部电话：010 - 88191217　发行部电话：010 - 88191522
网址：www. esp. com. cn
电子邮件：esp@ esp. com. cn
天猫网店：经济科学出版社旗舰店
网址：http: //jjkxcbs. tmall. com
北京密兴印刷厂印装
710 × 1000　16 开　11 印张　130000 字
2016 年 10 月第 1 版　2016 年 10 月第 1 次印刷
ISBN 978 - 7 - 5141 - 7307 - 9　定价：38. 00 元
（图书出现印装问题，本社负责调换。电话：010 - 88191502）
（版权所有　侵权必究　举报电话：010 - 88191586
电子邮箱：dbts@ esp. com. cn）

本书的研究得到了国家自然科学基金项目"电子商务环境下多渠道供应链协调优化与合作策略研究"（批准号：71172084）、国家自然科学基金项目"考虑末端交付方式和时间窗配置的城市配送收益管理研究"（批准号：71602014）、重庆市基础前沿研究计划项目"OEM – OBM 并行运作时自主产品定价和生产能力优化模型及协调机制研究"（批准号：cstc2013jcyjA60006）等的资助。

本书的出版得到了重庆市高等学校"特色专业、特色学科、特色学校"项目建设计划中市场营销特色专业建设计划、市场营销国家级特色建设计划、工商管理特色学科专业群建设计划、重庆市高校市级重点学科——工商管理学科建设计划资助，是重庆工商大学商务策划学院"商策文库"成果之一。

前　　言

　　在新经济时代，缺货对于企业既是挑战也是机遇。一方面，由于产品多样化、信息多元化和渠道便捷化，缺货更容易导致顾客流失，影响顾客忠诚，损害企业核心竞争力；另一方面，随着需求个性化趋势、JIT思想在分销中运用以及电子商务等商业形态的发展，缺货时（或无现货销售时）部分顾客在综合权衡等待时间、价格折扣等偏好因素后往往愿意等待，企业可以在运作的规模效益和缺货成本之间进行平衡，维持较低的缺货率，避免盲目追求高服务率增加大量的运作成本。例如西班牙连锁服装企业ZARA将尺寸超出主流范围的低流量商品转到网上销售，在传统渠道中"制造缺货"，同时在网上电子渠道中提供价格折扣，吸引顾客通过网上渠道采购商品，防止低流量商品增加分销系统的成本。因此，在新竞争环境下，企业需要研究缺货时消费者行为，根据顾客偏好因素及敏感度，完善缺货补偿策略，通过"制造缺货"在获得运作规模效益的同时，也避免缺货造成顾客流失。

部分短缺量拖后指缺货时（或无现货销售时）部分顾客愿意等待至下次补货获得订购的商品，是常见的消费者行为之一。自从 20 世纪 70 年代，部分短缺量拖后被定量研究以来，针对部分短缺量拖后的缺货补偿策略研究一致是库存控制领域的研究热点之一，形成了大量的研究和应用成果。这些研究和实践主要关注两方面问题：部分短缺量拖后的影响因素；库存系统中考虑价格折扣、库存控制、提前期压缩等缺货补偿策略的库存系统优化。部分短缺量拖后的数量是通过部分短缺量拖后率衡量的。部分短缺量拖后率与顾客对等待时间、价格折扣、缺货数量等偏好因素的敏感度相关。不同行业中，顾客敏感度存在明显差异，例如，购买家用电器等耐用品时，顾客对价格折扣更敏感；购买牙膏、洗发露等快速消费品时，顾客对等待时间更敏感。根据顾客的偏好因素及敏感度，企业可以从价格、时间等纬度设计相应的缺货补偿策略，通过影响顾客的采购价格、等待时间等因素提高部分短缺量拖后的数量，在降低顾客流失率的同时，获取运作的规模效益，从而构建企业竞争优势。运作模式与方法的创新、信息技术和外包服务的发展为缺货补偿策略的顺利实施提供了有力支撑。

本书主要研究部分短缺量拖后下考虑缺货补偿的库存控制策略优化问题。在综合分析与评述部分短缺量拖后下库存控制相关研究文献的基础上，首先深入探讨部分短缺量拖后率的影响因素，然后从其影响因素入手研究如何控制和利用部分短缺量拖后，以达到降低顾客流失率、提高自身收益的目的。全书共分六章，各章的主要内容如下：

第1章，绪论。主要介绍本书的研究背景，然后引出研究的问题；明确研究的目的和意义；提出研究的思路与分析框架；并阐述本书研究的特色与创新之处。

第2章，文献综述。本书的研究是对经典EOQ库存控制模型的拓展。首先，对部分短缺量拖后率的影响因素及方式进行比较全面、系统的综述；其次，以本书研究的问题为导向，阐述部分短缺量拖后下库存控制模型的核心问题，然后综述部分短缺量拖后下库存控制模型的研究环境；最后，结合本书的研究内容从库存控制策略、提前期压缩策略和价格折扣策略三个方面对部分短缺量拖后控制的研究成果进行总结。

第3章，补货能力影响部分短缺量拖后的库存控制模型研究。基于部分短缺量拖后率与等待时间相关的假设，在边补货边需求的库存控制模型中，增加考虑补货开始后缺货量得到满足的等待时间对部分短缺量拖后率的影响，提出与补货能力、短缺数量和等待时间相关的部分短缺量拖后率影响方式，建立补货能力影响部分短缺量拖后的变质商品边补货边需求库存控制模型，讨论了补货能力对部分短缺量拖后的影响。

第4章，部分短缺量拖后下库存控制策略优化研究。缺货后顾客在决定是否等待时对缺货数量和等待时间有不同的敏感度。库存系统的平均缺货数量和等待时间在不同的库存控制策略下存在较大差异。本书从库存控制策略出发，根据顾客对缺货数量和等待时间的敏感度以及成本结构，对部分短缺量拖后下不同库存控制策略的适用范围进行优化研究，在收益最优化的条件下达到对部分短缺量拖后进行控制的目的。

第5章，部分短缺量拖后下提前期压缩策略和价格折扣策略联合优化研究。顾客在缺货时会根据等待时间、价格折扣等因素决定是否等待。本书从提前期决策和价格折扣决策出发，首先建立可控提前期下考虑部分短缺量拖后率随等待时间和价格折扣变化的库存控制模型，然后讨论库存控制策略、提前期压缩策略和价格折扣策略的联合优化问题，在收益最优化的条件下达到对部分短缺量拖后进行控制的目的，并分析提前期决策对总成本、订货批量决策和价格折扣决策的影响。

第6章，结论与研究展望。总结全书，指出本书研究的局限性与不足，并对后续研究进行展望。

本书研究得到了张旭梅教授和但斌教授的耐心指导。两位老师渊博的学识、严谨的治学态度、高尚的师德、孜孜不倦的进取精神，在攻读博士学位期间，乃至现在的工作中都给予我极大的鼓励，在此表示由衷的感谢。本书的研究也得到了陈军、李宇雨等同学的热心帮助，在此表示衷心感谢。另外，本书的编写和出版得到了经济科学出版社李雪编辑和重庆工商大学商务策划学院的大力支持，在此一并表示感谢。

本书在写作过程中参考了大量文献，已尽可能地列在脚注或书后的参考文献中，但其中仍免难有遗漏，这里特向被漏列的作者表示歉意，并向所有的作者表示诚挚的谢意。

由于时间仓促及笔者水平有限，本书错误之处在所难免，敬望读者批评指正。

作者

2016 年 10 月

目　　录

第1章

绪　　论

1.1　研究背景与问题的提出

随着世界经济一体化的快速推进、通信及网络技术的飞速发展，市场竞争日趋激烈，消费者能够快速获取产品和服务的有效信息，对需求获得满足的及时性要求越来越高；同时随着电子商务的成熟及第三方物流服务的完善，消费者获取产品和服务的渠道不断增多。产品的多样化、信息的多元化和渠道的便捷化，增加了顾客流失的可能性。提高顾客忠诚度，减少顾客流失率成为构建企业竞争优势的重要途径之一。根据美国经济学家赖克尔德和萨塞对多个行业的长期观察，获取一个新客户的成本是保持一个老客户的5倍，在新经济环境下，企业培育新客户的成本在逐年上升，而为老顾客提供服务的成本却逐年下降；当顾客忠诚度上升5个百分点时，利润上升的幅度将达到25%~85%；更为重要的是，忠诚的顾客能向其他消费者推荐企业的产品和服务，并愿意为其所接受的产品和服务支付较高的价格。可以说，忠诚的顾客是企业竞争力的重要来源，更是企业长期利润的根本保证。

在零售行业中，缺货是影响顾客忠诚度的重要因素之一[①]。缺货不仅使零售企业丧失销售机会，也使顾客满意度受到损害，最终将导致顾客忠诚度下降。罗兰贝格管理咨询公司的调研表明，在零售行业中高达 25.6% 的顾客认为"更少的缺货现象"是顾客满意度的重要构成指标（如图 1.1 所示），2003 年缺货时中国顾客的转店率是 37%，远远大于美国顾客 17.9% 的转店率[①]。2007 年，市场调研公司 AC 尼尔森指出，在零售业从单纯的规模竞争进入精细管理的大环境下，提高顾客满意度、培育顾客忠诚度，是零售企业在激烈竞争的市场环境中稳步发展的唯一途径[②]。然而，我国零售企业的缺货情况不容乐观。根据中国连锁经营协会与罗兰贝格管理咨询公司对我国零售企业的缺货调查，2003 年我国零售企业的商品在架率介于 78.1% ~ 96.9% 之间，平均缺货率高达 9.9%（如图 1.2 所示），与世界先进零售企业 7.4% 的缺货率相比，我国零售企业的缺货水平偏高[①]。因此，我国零售企业需要重视缺货对顾客忠诚度的影响，采取积极措施降低缺货造成的顾客流失，构建企业的竞争优势。

部分短缺量拖后，也称短缺量部分拖后、短缺量滞后供给，通常指缺货时部分顾客愿意等待至下次补货获得订购的商品（Abad，1996；Montgomery et al.，1973；Nahmias and Smith，1994），是零售业中缺货时常见的消费者行为之一。根据 2003 年

---

① 中国连锁经营协会与罗兰贝格管理咨询公司. 2003 年中国缺货调查报告 [R]. 北京，2003.

② AC 尼尔森. 成都零售业顾客忠诚度低 [EB/OL]. http://www.chinawuliu. com. cn/cflp/newss/content/200704/653_74778. html，2007 - 04 - 12.

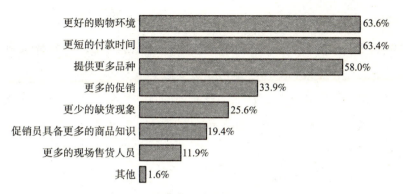

图 1.1 消费者满意度影响因素排名

资料来源：中国连锁经营协会与罗兰贝格管理咨询公司.2003 年中国缺货调查报告［R］. 北京，2003.

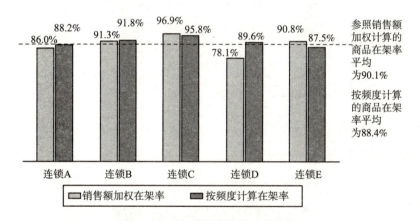

图 1.2 五个零售商的商品在架率

注：由于在计算中剔除了连续 14 天缺货的商品，所以商品的在货架率要比实际情况显得更好。

资料来源：罗兰贝格管理咨询公司分析。

罗兰贝格管理咨询公司对我国快速消费品类商品的调查（如图 1.3 所示），洗衣粉和洗发护发类商品以 24.1% 的部分短缺量拖后率高居榜首，其次为沐浴露（22.9%）、牙膏（22.5%）、食用油（21.9）、卷纸（20.9%）、卫生棉（20.8%），而食品类的啤酒（17.3%）、碳酸饮料（17.2%）、方便面（17.1%）居于中部①。运作实践及相关理论研究表明，通过优化部分短缺量拖后下的库存决策，零售企业可以提高顾客满意度，降低顾客流失率，培育顾客忠诚度，从而构建企业的竞争优势和提升企业的经济效益（Abad，1996；Montgomery et al.，1973；Nahmias and Smith，1994）。

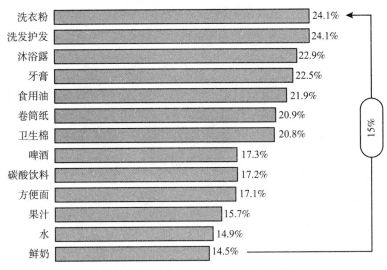

图1.3　调查商品的部分短缺量拖后率

资料来源：中国连锁经营协会与罗兰贝格管理咨询公司．2003 年中国缺货调查报告［R］．北京，2003.

部分短缺量拖后的多少反映了顾客忠诚度，零售企业可以从品牌、服务（如缩短提前期、减少缺货数量）等方面提高部分短缺量拖后的数量（Lin，2009；Ouyang et al.，2007；Pan and

———————

① 中国连锁经营协会与罗兰贝格管理咨询公司．2003 年中国缺货调查报告［R］．北京，2003.

Hsiao，2001）。然而我国零售企业的缺货处置能力较差，还停留在被动补货的粗放控制阶段，没有根据缺货时消费者行为制定有效的缺货处置策略，间接扩大了缺货对消费者满意度的负面影响，造成了顾客流失，损害了我国零售企业的竞争力（王蓁，2008）。在我国零售业缺货率普遍偏高的背景下，我国零售企业应该关注缺货对消费者行为的影响，实现缺货管理方式从被动补货的粗放式管理向主动控制的精细化管理的转变。在运作实践中，零售企业一方面可以从库存控制及供应链管理的角度出发，压缩提前期（达庆利和张钦，2005；梅晚霞和马士华，2007）或实施快速反应策略（Chopra et al.，2004；宋华明和马士华，2008）、减少顾客等待时间；另一方面还可以从需求管理的角度出发，利用定价策略引导需求，为缺货提供价格折扣，在综合平衡各项成本的基础上提高部分短缺量拖后数量，以此取得更高的收益（Pan and Hsiao，2001）。而运作模式和方法的创新、信息技术和外包服务的发展为零售企业主动影响部分短缺量拖后提供了有力支撑（刘蕾等，2007）。

基于上述背景，本书拟以"部分短缺量拖后下库存管理方法"为题进行研究，探求零售企业如何在库存决策中利用部分短缺量拖后，在补货成本、持有成本、缺货成本及拖后成本之间进行有效平衡，调和补货的规模性、时效性与客户满意度之间的矛盾，在降低顾客流失率的同时最优化自身收益。

1.2 研究目的和意义

本书的研究目的如下：

在我国零售企业缺货水平偏高、缺货处置水平偏低、顾客流失率偏高的背景下，以零售业中常见的部分短缺量拖后现象为研究的突破口，深入讨论部分短缺量拖后的影响因素及形式，在此基础上根据部分短缺量拖后率的影响因素从库存控制策略、提前期压缩以及价格折扣三个方面探究我国零售企业在库存决策中如何充分利用部分短缺量拖后现象，达到降低顾客流失率、最优化自身收益的目的。

本书的研究意义主要体现在以下两个方面：

（1）微观上为我国零售企业的缺货处置决策提供一些科学的理论方法和决策依据。我国零售企业的缺货处置管理还停留在被动补货的粗放控制阶段，没有根据缺货时消费者行为制定有针对性的缺货处置策略，间接放大了缺货的负面影响（王蓁，2008）。在我国零售行业缺货率普遍偏高的背景下，我国零售企业更应关注缺货对消费者行为的影响，努力提高缺货处置能力，实现缺货管理方式从被动补货的粗放式管理向主动控制的精细化管理的转变。部分短缺量拖后是缺货时常见的消费者行为之一，本书从库存策略、提前期压缩以及价格折扣三个方面研究了零售企业在库存决策中如何综合利用部分短缺量拖后现象，达到降低顾客流失率、最优化自身收益的目的。这对于提高我国零售企业的缺货处置能力有重要参考价值。

（2）充实和完善部分短缺量拖后下的库存控制理论研究。关于部分短缺量拖后下库存控制的研究比较丰富（Hu et al.，2009；San‐Jose and Garcıa‐Laguna，2009；Skouri et al.，2009）。但是，现有研究大多仅考虑了缺货数量或者等待时间对部分短缺量拖后的影响，还缺乏同时考虑缺货数量和等待时间影响部分短缺量拖后的研究。本书将综合考虑缺货数量和等待时间对部分短缺量拖后的影响，提出新的部分短缺量拖后率影响方式。本书还将进一步研究如何通过库存控制策略、提前期压缩策略和价格折扣策略充分利用部分短缺量拖后。这些内容都将丰富和拓展部分短缺量拖后下库存控制模型的理论研究。

1.3 研究思路、分析框架与主要内容

1.3.1 研究思路与分析框架

本书的研究思路及分析框架如图 1.4 所示。

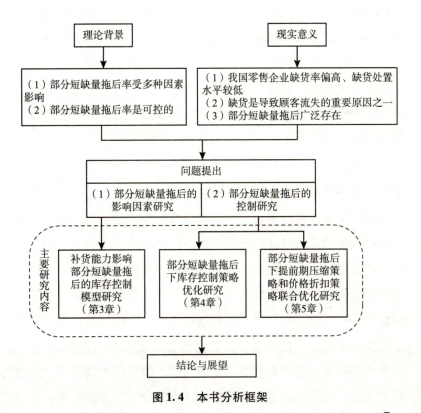

图 1.4 本书分析框架

1.3.1.1 理论背景

研究的理论背景主要包括两个方面：一方面，部分短缺量拖后的影响因素：部分短缺量拖后率与等待时间、缺货数量等因素相关；另一方面，部分短缺量拖后的控制措施：企业可以通过调整库存控制策略、压缩提前期、提供价格折扣等方式影响短缺量拖后率。

从部分短缺量拖后的影响因素来看，已有的研究已经表明，缺货时未满足的顾客需求不会完全拖后或者完全损失，顾客会根据耐烦期的长短（Thangam and Uthayakumar，2008）、生产的状态（罗兵等，2005a）、短缺数量的多少（Dye and Ouyang，2005；Padmanabhan and Vrat，1990）、等待时间的长短（Abad，2003；Dye et al.，2006）、价格折扣的高低（Pan and Hsiao，2001）等因素决定是否等待下次补货。部分短缺量拖后率是受多种因素影响的、是变化的。运作模式和方法的创新、信息技术和外包服务的发展为零售企业主动影响部分短缺量拖后率提供了可行的解决方案（刘蕾等，2007）。

从部分短缺量拖后的控制措施来看，部分短缺量拖后作为缺货时常见的消费者行为之一，在缺货率偏高的环境下，我国零售企业可以从库存控制策略、提前期压缩以及价格折扣等方面采取有针对性的措施，尽量挽留顾客，提高部分短缺量拖后比率，降低缺货的负面影响。例如，零售企业可以借助日益完善的信息技术和物流服务，选择更快的运输方式、压缩提前期，减少缺货时顾客的等待时间，提高部分短缺量拖后率；可以通过为缺货的商品提供价格折扣，挽留客户，提高部分短缺量拖后率等。同时，在新经济时代，顾客对于等待是敏感的，顾客越来越关注企业的响应速度，部分短缺量拖后的数量在逐渐减少，我国零售企业更应积极采取有效措施控制部分短缺量拖后数量，有效平衡补货成本、缺货成本及拖后成本，调和补货的规模性、时效性与客户满意度之间矛盾，在降低顾客流失率的同时最优化自身收益。

1.3.1.2 现实背景

研究的现实背景主要包括三个方面：

（1）我国零售企业缺货率偏高、缺货处置水平较低。

（2）缺货是导致顾客流失的重要原因之一。

（3）部分短缺量拖后广泛存在。

我国零售企业的缺货率偏高，而且对缺货的处置还停留在被动补货的初级管理阶段，没有针对缺货时消费者行为采取有效措施减轻缺货导致的负面影响，降低了我国零售企业的客户满意度，造成了顾客流失，损害了顾客忠诚度。缺货是导致我国零售企业顾客流失的重要原因之一，成为影响我国零售企业竞争力重要因素之一[1]。部分短缺量拖后作为缺货时较为普遍的消费者行为之一（Abad，1996；Montgomery et al.，1973；Nahmias and Smith，1994），在缺货率偏高的背景下，我国零售企业应该关注部分短缺量拖后现象，重视缺货后的处置措施，平衡顾客丢失的成本和挽留顾客的成本，在降低缺货负面影响、降低顾客流失率的同时，最优化自身收益。在新经济时代，顾客对于等待是敏感的，顾客越来越关注企业的响应速度，部分短缺量拖后的数量在逐渐减少[2]。因此，为了实现对部分短缺量拖后的有效控制，我国零

---

[1] A C 尼尔森. 成都零售业顾客忠诚度低 [EB/OL]. http：//www. chinawuliu. com. cn/cflp/newss/content/200704/653_74778. html，2007 – 04 – 12.

[2] 中国连锁经营协会与罗兰贝格管理咨询公司. 2003 年中国缺货调查报告 [R]. 北京，2003.

售企业应借助信息化以及外包服务，采取有效措施积极控制部分短缺量拖后。

1.3.1.3 分析框架

在上述理论和现实背景下，围绕部分短缺量拖后的有效控制，引出本书研究的两个主要问题：

（1）部分短缺量拖后的影响因素。

（2）部分短缺量拖后的有效控制。

研究中首先需要明确部分短缺量拖后的影响因素，然后才能根据其影响因素采取有效措施在收益最优化的条件下实现对部分短缺量拖后的有效控制。对于第一个问题，基于部分短缺量拖后率与等待时间相关的假设，本书增加考虑补货能力对部分短缺量拖后的影响，扩展研究了部分短缺量拖后率的影响因素，提出了与等待时间和短缺数量相关的部分短缺量拖后率影响方式。对于第二个问题，根据部分短缺量拖后率与缺货数量、等待时间和价格折扣等因素相关，本书从库存控制策略、提前期压缩策略和价格折扣策略三个方面讨论如何利用部分短缺量拖后，降低顾客流失率、优化自身收益。

研究主要运用建模、计算、归纳、演绎等手段解决部分短缺量拖后的影响因素及有效控制问题。本书解决问题的方法与工具主要是运筹学中非线性规划理论、人工智能算法和计算机仿真。

1.3.2 主要内容

在综合分析与评述部分短缺量拖后下库存控制相关研究文献的基础上，本书首先深入探讨部分短缺量拖后率的影响因素，然后从其影响因素入手研究如何控制和利用部分短缺量拖后，以达到降低顾客流失率、提高自身收益的目的。

全文共分六章，各章研究的主要内容如下：

第 1 章，绪论。主要介绍本书的研究背景，然后引出研究的问题；明确研究的目的和意义；提出研究的思路与分析框架；并阐述本书研究的特色与创新之处。

第 2 章，文献综述。本书的研究属于对经典的 EOQ 库存控制模型的拓展。首先，本书对部分短缺量拖后率的影响因素及方式进行比较全面、系统的综述；其次，以本书研究的问题为导向，阐述部分短缺量拖后下库存控制模型的核心问题，然后综述部分短缺量拖后下库存控制模型的研究环境；最后，从库存控制策略、提前期压缩策略和价格折扣策略三个方面对部分短缺量拖后控制的研究成果进行总结。

第 3 章，补货能力影响部分短缺量拖后的库存控制模型研究。基于部分短缺量拖后率与等待时间相关的假设，在边补货边需求的库存控制模型中，增加考虑补货开始后缺货量得到满足的等待时间对部分短缺量拖后率的影响，提出与补货能力、短缺数量和等待时间相关的部分短缺量拖后率影响方式，建立补货能力影响部分短缺量拖后的变质商品边补货边需求库存控制模型，讨论了补货能力对部分短缺量拖后的影响。

第 4 章，部分短缺量拖后下库存控制策略优化研究。缺货后顾客在决定是否等待时对缺货数量和等待时间有不同的敏感度。库存系统的平均缺货数量和等待时间在不同的库存控制策略下存在较大差异。本书从库存控制策略出发，根据顾客对缺货数量和等待时间的敏感度以及成本结构，对部分短缺量拖后下不同库存控制策略的适用范围进行优化研究，在收益最优化的条件下达到对部分短缺量拖后进行控制的目的。

第5章，部分短缺量拖后下提前期压缩策略和价格折扣策略联合优化研究。顾客在缺货时会根据等待时间、价格折扣等因素决定是否等待。本书从提前期决策和价格折扣决策出发，首先建立可控提前期下考虑部分短缺量拖后率随等待时间和价格折扣变化的库存控制模型，然后讨论库存控制策略、提前期压缩策略和价格折扣策略的联合优化问题，在收益最优化的条件下达到对部分短缺量拖后进行控制的目的，并分析提前期决策对总成本、订货批量决策和价格折扣决策的影响。

第6章，结论与研究展望。总结全书，指出本书研究的局限性与不足，并对后续研究进行展望。

1.4　特色及创新之处

部分短缺量拖后下库存控制的研究还存在某些不足之处，相对于现有研究，本书的创新点主要体现在以下三个方面：

1.4.1　补货能力影响部分短缺量拖后的库存控制模型

在边补货边需求的库存系统中，补货能力的大小会影响顾客的等待时间，补货能力越大，顾客的等待时间越短。基于部分短缺量拖后率与等待时间相关的假设，除了下次补货前的等待时间外，本书增加考虑了补货开始后由于补货能力有限而增加的等待时间对部分短缺量拖后率的影响，提出了与补货能力、短缺数量和等待时间相关的部分短缺量拖后率影响方式，建立了补货能力影响部分短缺量拖后的变质商品边补货边需求库存控制模型，讨论了补货能力对部分短缺量拖后的影响，拓展了边补货边需求库存控制模型的实用性。

关于部分短缺量拖后下边补货边需求库存控制模型的研究，现有成果往往是照搬瞬时补货的库存控制模型对部分短缺量拖后的处理方式。在部分短缺量拖后率与等待时间相关的假设下，现有研究只计算了开始补货前的等待时间对部分短缺量拖后率的影响，忽略了补货能力的有限性会增加缺货时顾客的等待时间。补货能力越大，补货开始后顾客等待的时间也就越短。因此，在非瞬时补货的环境下，现有研究不能正确反映部分短缺量拖后率随等待时间的变化趋势。基于此，本书的研究与现有研究的主要区别体现在缺货时顾客等待时间的构成。

基于建立的补货能力影响部分短缺量拖后的变质商品边补货边需求库存控制模型，本书着重讨论了补货能力对部分短缺量拖后率的影响，研究结果表明：随着补货能力的增加，补货次数会下降到某一固定水平，虽然增加了缺货量等待下次补货的时间，但是减少了补货开始后缺货量获得满足的时间，所以在中等水平的补货能力下，丢单数量随补货能力的变化趋势不明显，但是较大的补货能力的确能够增加部分短缺量拖后的比率，减少丢单数量，也就验证了补货能力对部分短缺量拖后率确实存在影响。

1.4.2 基于顾客对缺货数量和等待时间敏感度的库存控制策略适用范围优化

在部分短缺量拖后的库存系统中，顾客对缺货数量和等待时间的敏感度影响着部分短缺量拖后率的大小。而库存系统的平均缺货数量和缺货时间在不同的库存控制策略下差异较大。基于此，本书从库存成本和顾客敏感度两个纬度优化了部分短缺量拖后下不同库存控制策略的适用范围。

关于连续性检查和周期性库存控制策略的适用范围，现有研究大多是从库存成本结构或者需求波动性的角度进行优化。在部分短缺量拖后的库存系统中，顾客敏感度影响着部分短缺量拖后率的大小。而库存系统的平均缺货数量和补货时间在不同的库存控制策略下差异较大。根据顾客对缺货数量和补货时间的敏感度，选择合适的库存控制策略，能增加短缺量拖后的比率，降低缺货和丢单成本。因此，本书的研究与已有文献的区别在于，除了库存成本结构外，本书增加考虑缺货时顾客对缺货数量和等待时间的敏感度对库存控制策略适用范围的影响。

从库存成本和顾客敏感度两个纬度看，(s, S) 连续性检查策略适用于单位缺货和丢单成本较高的库存系统；(t, S) 周期性检查策略和 (t, s, S) 混合策略适用于单位缺货和丢单成本较低的库存系统；在单位缺货和丢单成本较低的库存系统中，当顾客对缺货数量较敏感时，(t, s, S) 混合策略的运作成本更低，否则 (t, S) 周期性检查策略更适用，而顾客对等待时间的敏感度对库存控制策略适用范围的影响不明显。

1.4.3　可控提前期下考虑部分短缺量拖后随等待时间和价格折扣变化的库存控制模型

在新的市场环境下，顾客对需求获得满足的时间越来越敏感，等待时间对缺货时顾客决策的影响越来越大，这要求企业更加重视提前期决策以控制顾客等待时间。同时，价格折扣也是企业挽留顾客的重要手段之一。因此，需要综合考虑等待时间和价格折扣对部分短缺量拖后率的影响，统筹提前期压缩决策和价格折扣决策，有效控制部分短缺量拖后率，在顾客满意度和系统受益之间进行有效权衡。基于此，本书建立了可控提前期下考虑部分短缺量拖后率随等待时间和价格折扣变化的库存控制模型。

已有的关于部分短缺量拖后下库存控制模型的研究已经分别讨论了等待时间、缺货数量和价格折扣对部分短缺量拖后率的影响。在可控提前期下部分短缺量拖后库存控制模型的研究中，同时考虑缺货数量和价格折扣对部分短缺量拖后率影响的研究已经出现。区别于现有研究成果，本书的不同之处在于在提前期可变的环境下同时考虑了等待时间和价格折扣对部分短缺量拖后率的影响，讨论了库存控制策略、提前期压缩策略、价格折扣策略的联合优化问题。

基于建立的可控提前期下考虑部分短缺量拖后率随等待时间和价格折扣变化的库存控制模型，本书讨论库存控制策略、提前期压缩策略和价格折扣策略的联合优化问题，并分析提前期决策对总成本、订货批量决策和价格折扣决策的影响。研究显示：压缩提前期只有满足一定条件才能降低总成本；提前期决策会通过丢单成本和拖后成本的变动来影响最优订货批量，当减少的拖后成本和丢单成本大于压缩费用时，最优订货批量随提前期的压缩而减少，否则随提前期的压缩而增加；压缩提前期并不直接影响最优价格折扣，最优价格折扣和订货批量随提前期变化的趋势相同。

第 2 章

文 献 综 述

2.1 引　　言

　　自 1973 年 Montgomery 首先定量研究部分短缺量拖后以来（Montgomery et al. , 1973），围绕部分短缺量拖后的影响因素及顾客敏感度，设计合理的缺货补偿策略达到降低顾客流失率、提高企业收益的目的，一直是库存控制领域的研究热点之一（Pal A K et al. , 2005；Pan J C H and Hsiao Y C. , 2005；Wu K S et al. , 2006）。

　　从部分短缺量拖后的概念看，早期部分短缺量拖后通常是指缺货时部分顾客愿意等待至下次补货获得订购的商品（Montgomery et al. , 1973），后来随着电子商务等新兴商业形态的出现，部分短缺量拖后也指无现货销售时部分顾客愿意等待以获得订购的商品（Pan J C H and Hsiao Y C. , 2001）。

　　从部分短缺量拖后的影响因素看，部分短缺量拖后的影响因素主要有等待时间（Dye C Y，2007）、价格折扣（Ouyang L Y et al.，2007）、缺货数量（Dye C Y et al.，2006）等；同时鉴于产品的特点，顾客对不同因素的敏感度存在明显差异，例如购买家用电器等耐用品时，顾客对价格折扣更敏感；购买牙膏、洗发露等快速消费品时，顾客对等待时间更敏感（王蓁，2008）。

从缺货补偿策略看，由于消费者效用可以从购买成本、时间等不同纬度进行衡量，部分研究从优化库存控制策略（Pal A K et al.，2005）或者提前期压缩策略（黄波等，2007）的角度，通过缩短顾客的等待时间，从时间效用纬度讨论缺货补偿策略的优化问题；部分研究则从价格折扣策略的角度讨论缺货补偿策略的优化问题（Lee W C et al.，2007）。

从研究环境看，部分短缺量拖后下缺货补偿策略的研究多数是在单点库存系统中进行的，少数研究是在供应链环境下进行的；而在供应链环境下的研究多数是在集中决策的模式下进行的（Thangam A and Uthayakumar R，2008；Lin Y J.，2009；Zhou Y W and Wang S D，2009）。

本书研究的问题主要涉及两个方面：部分短缺量拖后的影响因素及影响方式；部分短缺量拖后的有效控制。本章内容安排如下：第2.2节从部分短缺量拖后的情景出发，对部分短缺量拖后的影响因素及影响方式进行比较全面的、系统的综述；第2.3节首先阐述部分短缺量拖后下库存控制模型的核心问题，然后综述部分短缺量拖后下库存控制模型的研究环境，最后从库存控制策略、提前期压缩策略和价格折扣策略三个方面对有关部分短缺量拖后有效控制的研究成果进行总结；第2.4节为本章小结。

2.2　部分短缺量拖后的情景及影响因素

本节首先总结部分短缺量拖后的情景，然后对部分短缺量拖后的影响因素及影响方式进行比较全面、系统的综述。

2.2.1　部分短缺量拖后的情景

在顾客购买商品的过程中，如果发生缺货，部分顾客往往愿意等待至下次补货获得订购的物品，而其他顾客会因不耐烦而放弃购买或者转向其他可以提供替代产品的供应商，这就是部分短缺量拖后现象，是缺货时常见的消费者行为之一（Abad，1996；Montgomery et al.，1973；Nahmias and Smith，1994）。根据罗兰贝格管理咨询公司对快速消费品类商品的缺货调查，洗衣粉和洗发护发类商品以 24.1% 的部分短缺量拖后率高居榜首，其次为沐浴露（22.9%）、牙膏（22.5%）、食用油（21.9）、卷纸（20.9%）、卫生棉（20.8%），而食品类的啤酒（17.3%）、碳酸饮料（17.2%）、方便面（17.1%）居于中部[①]。

已有的库存控制模型在缺货时通常假设未满足的需求完全拖后或者完全丢失，即仓库出空期间所有客户都愿意等待货物补充或者完全放弃购买，库存控制模型只需考虑缺货损失，而不用考虑因丢失客户订单而产生的丢单损失，此时有无现货期间的需求

[①]　中国连锁经营协会与罗兰贝格管理咨询公司.2003 年中国缺货调查报告［R］.北京，2003.

率是完全相同的（Wee，1993）。1973 年 Montgomery 首先定义了部分短缺量拖后，所谓部分短缺量拖后是指缺货时顾客需求并不是完全损失，部分顾客愿意等待至下次补货获得需求的商品；部分短缺量拖后数量通过部分短缺量拖后率衡量，部分短缺量拖后率是指缺货时愿意等待的顾客需求占总需求的比率。部分短缺量拖后率反映了顾客对商品的忠诚度，企业可以从品牌、服务（如缩短提前期、减少缺货数量）等方面提高部分短缺量拖后率。

对零售企业而言，由于商品种类繁多、同种类不同品牌的商品之间普遍存在一定的替代性，消费者在购买过程中可以通过调整采购计划满足自身需求。因此，缺货期间部分不愿意等待的顾客往往还会因不耐烦而购买其他替代产品。根据罗兰贝格管理咨询公司的调查，商品缺货会引发消费者各种反应，其中选择购买替代品的比例高达 48%[①]。而该消费行为几乎不会增加零售企业的成本。因此，对于零售企业而言，部分短缺量拖后不仅表现为部分顾客愿意等待下次补货，还表现为缺货时部分顾客愿意购买替代品。

随着需求个性化趋势、JIT 思想在分销中运用以及电子商务等新兴商业形态出现，顾客需求在订货后不能立即得到满足的概率在增大，例如，订购戴尔电脑的顾客在个性化配置后需要大约 1 周的时间才能收到货物。顾客为了实现产品的个性化定制往往也愿意等待一定时间。部分短缺量拖后还可以表现为顾客为了定制化商品而愿意等待（Pan and Hsiao，2001）。因此广泛意义的部分短缺量拖后更加普遍。

综上所述，对于零售企业而言，部分短缺量拖后主要包含三种情景：

（1）缺货时部分顾客愿意等待至下次补货获得订购的商品。

（2）缺货期间部分客户转向购买替代产品。

（3）顾客为了实现产品的个性化定制愿意等待。

若无特殊说明，本书在文献综述中涉及的符号释义如下：

T 表示计划期（planning horizon）或库存周期（inventory cycle）。

d 表示需求率（demand rate）。

λ 表示变质率（deterioration rate）。

p 表示销售价格（selling price）。

i 表示利率（interest rate）。

x 表示缺货时顾客等待至下一个补货周期到来的等待时间。

$B(x)$ 表示部分短缺量拖后数量。

$\beta(x)$ 表示部分短缺量拖后率。

S 表示库存除空期间的缺货数量。

α，β，γ，a，b 表示函数相关参数。

2.2.2　部分短缺量拖后的影响因素及方式

自 1973 年 Montgomery 首先将部分短缺量拖后引入库存控制模型以来，部分短缺量拖后下库存控制模型的研究文献逐渐丰富。在库存控制模型中，部分短缺量拖后的数量，同时还可以减少安全库是通过部分短缺量拖后率衡量。部分短缺量拖后率的假设经历了由固定（Montgomery et al.，1973；Warrier and Shah，1999）到时变的过程，影响时变部分短缺量拖后率的因素也出现了短缺数量（Dye et al.，2006；Padmanabhan and Vrat，1990）和等待时间（Dye and Ouyang，2005；罗兵等，2005b）等不同的观点（罗兵，2001）。

2.2.2.1　固定部分短缺量拖后率

1973 年 Montgomery 首先研究了连续性检查策略和周期性检查策略下固定部分短缺量拖后率的库存控制模型。在 Montgomery 等（1973）的研究中，部分短缺量拖后的数量是库存除空期间未满足需求的固定比率，即部分短缺量拖后率是固定的，部分短缺量拖后的影响方式如式（2.1）所示，其中 β 代表部分缺货数量拖后率。此后，部分短缺量拖后现象得到了学者们的重视，固定部分短缺量拖后率下库存控制模型的研究开始不断出现（Rosenberg，1979；Park，1982，1983；Steven，1975；罗兵等，2002a）。

$$B(S) = \beta S \qquad (2.1)$$

在固定部分短缺量拖后率的假设下，Steven（1975）较早研究了部分短缺量拖后率为现货需求率固定比例的变质物品 EOQ 模型。Wee（1993）较早研究了部分短缺量拖后率为销售率固定比率的 EOQ 模型。罗兵等（2002a）在需求率为线性时变递增函数的假设下建立了无短缺量拖后和部分短缺量拖后的 EOQ 模型，并结合重庆某电子企业的实际情况，优化了主要物料的最优订购周期、最优最大缺货量、最优最大库存量、最优生产批量、最小总平均费用，有效降低了该电子企业的库存系统总成本。孙士雅等（2002）将仓库出空期间的损失划分为因延期交货而产生的缺货成本和因丢单而产生的机会成本，在非瞬时补货的条件下，建立了部分短缺量拖后的 EOQ 模型，并证明了该模型存在全局唯一最优解，最后通过实例进行了应用分析。在孙士雅等（2002）的研究中，部分短缺量拖后率的影响方式如式（2.2）所示。其中，δ 为滞后供给因子。

$$\beta = \frac{d}{1+\delta} \qquad (2.2)$$

在固定部分短缺量拖后率的假设下，罗兵等（2005a）增加考虑了顾客耐烦期对部分短缺量拖后率的影响：顾客在缺货发生的最初一段时间内愿意等待下次补货获得订购的商品，此时企业不用承担任何额外费用，这段时间称为耐烦期；如果顾客的等待时间超过该期限，一部分顾客会放弃购买，企业需要承担丢单成本，另一部分顾客会愿意继续等待至下次补货，企业仅需承担部分短缺量拖后成本，这段超过耐烦期的库存出空期称为不耐烦期。基于此，罗兵等（2005a）考虑库存出空期间存在耐烦期和不耐烦期的情况，提出了与耐烦期有关的固定部分短缺量拖后率。在罗兵等（2005a）的研究中，部分短缺量拖后率的影响方式如式（2.3）所示，其中 β 代表部分缺货数量拖后比率，m 代表顾客耐烦期，t_0 代表开始缺货的时刻，t_1 代表补货开始的时刻，δ 是正常数 $0 < \delta < 1$。类似研究可以参见 Thangam and Uthaya-kumar,（2008）。

$$\beta(t) = \begin{cases} d, & t_0 \leqslant t \leqslant t_0 + m \\ \delta d, & t_0 + m < t \leqslant t_1 \end{cases} \qquad (2.3)$$

在固定部分短缺量拖后率的假设下，罗兵等（2005b）增加考虑了生产状态对部分短缺量拖后率的影响。罗兵等（2005b）认为在边生产边需求的库存系统中，库存除空期间未满足的顾客需求会出现部分短缺量拖后现象，当企业重新开始生产时（还没有形成现货储备期间），库存系统的丢单趋势会明显缓解，部分短缺量拖后率会增加，即生产开始与否对部分短缺量拖后率有直接影响。基于此，罗兵等（2005b）提出了与生产状态有关的部分短缺量拖后率，建立了部分短缺量拖后率与生产状态相关的库存控制模型。在罗兵等（2005b）的研究中，开始生产前的部分短缺量拖后率为 β_1，开始生产后的部分短缺量拖后率为 β_2，其中

$0 < \beta_1 < \beta_2 < 1$。研究结果显示：库存系统的总成本函数是服务水平的凸函数。罗兵等（2005b）与罗兵等（2002a）的区别在于，罗兵等（2005b）增加考虑了仓库出空期间生产状态对部分短缺量拖后率的影响，即仓库缺货期间丢单程度不相同，使罗兵（2002a）的模型更加一般化。罗兵等（2005b）与 Chang 和 Dye（1999）、Teng 等（2003）的区别在于，罗兵等（2005b）考虑了边生产边需求的非瞬时补充情况，在计算部分短缺量拖后率时考虑其大小与是否开始生产有关，而不是将部分短缺量拖后率设定为固定比率。

随着研究不断深入，学者们开始注意到缺货时顾客的决策因素会影响部分短缺量拖后率。研究认为部分短缺量拖后率的大小不是固定的，而是根据顾客的决策因素变化的。

2.2.2.2　缺货数量对部分短缺量拖后率的影响

Padmanabhan 和 Vrat（1990）首先考虑了顾客决策因素对部分短缺量拖后率的影响，认为缺货时缺货量的多少会影响顾客的需求情况：当企业的缺货量较大时，一部分顾客会对企业供货能力产生怀疑，转向其他企业购买货物；而另一部分忠诚度较高的顾客会选择继续等待。基于此，Padmanabhan 和 Vrat（1990）提出了与缺货数量相关的时变部分短缺量拖后率，缺货的数量越多，部分短缺量拖后的数量就越少，部分短缺量拖后率越低，部分短缺量拖后率的影响方式如式（2.4）所示。其中 $I(t)$ 代表 t 时刻的缺货数量。

$$B(t) = \mathrm{d} + \beta I(t) \qquad (2.4)$$

在 Padmanabhan 和 Vrat（1990）的假设下，Padmanabhan 和 Vrat（1995）建立了有无现货期间的需求率与库存水平有关的经济订购批量模型。Padmanabhan 和 Vrat（1995）的研究表明：随着部分短缺量拖后率影响因子增大，库存系统的最大库存水平将提高，而最优订购批量、最优利润则会减少，并接近不发生缺货时的水平；最优订购批量、最优利润对部分短缺量拖后率影响因子的变化更敏感；由于部分短缺量拖后现象对库存系统影响很大，所以在库存系统建模时不可忽视。Padmanabhan 和 Vrat 还指出可以进一步考虑数量折扣、通货膨胀、售价随需求变化等因素对库存决策的影响。在 Padmanabhan 和 Vrat（1990）的假设下，Ouyang 和 Chuang（2001）建立了可控提前期下部分短缺量拖后率与缺货数量相关的（r, Q）库存控制模型，考虑了订货数量和订货提前期的优化问题。在 Ouyang 和 Chuang（2001）的研究中，订货提前期内的需求符合正态分布，订货点 r 由订货提前期，订货提前期内的需求和安全因子确定。在 Padmanabhan 和 Vrat（1990）的假设下，Dye 等（2006）建立了库存系统购置成本可变的库存控制模型，并提出了一种简单有效的算法以求解带有 $2n+1$ 个决策变量的库存控制模型优化问题，还可以从滞后支付、随机需求率、数量折扣、通货膨胀等方面进行进一步的扩充研究。以上文献都是在部分短缺量拖后率与缺货数量有关的情况下进行的研究。除了库存系统当前的缺货程度以外，库存系统的部分短缺量拖后率还可能受到需求率和顾客等待时间等因素影响。

2.2.2.3 等待时间对部分短缺量拖后率的影响

缺货发生后，部分顾客选择放弃购买，或者转向别处购买替代品；即使顾客选择等待下次补货获得订购的物品，如果等待时间太长，顾客等待购买的欲望也会越小，最终顾客会选择放弃等待。由此，部分短缺量拖后率在通常情况下是与等待时间相关的。在新经济时代，顾客对于等待更加敏感，价格不再是企业竞争的唯一要素，顾客越来越关注企业的响应速度（Zequeira R I et al.，2005）。Png 和 Reitman（1994）对马萨诸塞州四个城市的加油站进行了调研，表明等待时间与需求是负相关的。Becker（1965）认为只要企业用固定的生产能力服务随时到来的顾客，顾客就需要付出两个成本：产品的价格（显性成本）和等待成本（隐性成本）。缩短顾客的等待时间，减少了顾客的等待成本，也就等于对顾客进行补偿。在实际运作中，企业可以通过优化库存控制、压缩订货提前期等方式达到缩短顾客等待时间、从时间纬度对顾客进行缺货补偿的目的。

已有研究大多假设部分短缺量拖后率是顾客等待时间的连续减函数。Abad（1996）首先考虑了顾客等待时间对部分短缺量拖后率的影响，认为等待时间越长，顾客越不耐烦，部分短缺量拖后的数量会越少，研究了变质物品库存控制决策和定价决策的联合优化问题。在 Abad（1996）中，部分短缺量拖后率与等待时间之间函数关系如式（2.5）和式（2.6）所示。其中，t 代表顾客等待时间。

$$B(t) = k_0 e^{-k_1 t}, \ t > 0, \ k_0 k_1 > 0, \ k_0 < 1 \ (\text{Abad}, \ 1996)$$

（2.5）

$$B(t) = k_0 \frac{1}{1 + k_1 t}, \ t > 0, \ k_0 k_1 > 0, \ k_0 < 1 \ (\text{Abad}, \ 1996)$$

（2.6）

Chang 和 Dye（1999）建立了部分短缺拖后率与顾客等待时间相关的变质物品最优存贮模型，在部分短缺量拖后率为顾客等待时间的指数和线性函数两种情况下分别求解了最优补充次数、最优补充时刻点、最优缺货点以及最优总成本，并对部分短缺量拖后率影响因子的变化进行了敏感度分析。Chang 和 Dye（1999）的研究表明：随着部分短缺量拖后率影响因子的增大，最优总成本逐渐增加并接近不发生缺货时的水平，当部分短缺量拖后率影响因子较小时，总成本对部分短缺量拖后率影响因子的变化更加敏感。Teng 等（2003）建立了订购成本时变且部分短缺量拖后率与顾客等待时间相关的库存控制模型，证明了库存总成本是补货次数的凸函数，并提出了一种简化的搜索算法。Teng 等（2003）的模型还可作进一步的拓展，将部分短缺量拖后率扩展为任意时变减函数（$B(t)$，$0 < B(t) < 1$ 且 $B(0) = 1$，t 为顾客等待下一次补货时间），还可以将需求率扩展为时间、售价和存货的函数，也可以增加考虑数量折扣、学习曲线现象等。基于Teng 等（2003）的研究，Dye 和 Ouyang（2005）在部分短缺量拖后率与顾客等待时间相关的库存控制模型中增加考虑了存货影响销售率的因素，并运用非线性回归法对部分短缺量拖后率进行了估算，从而使建立的模型更符合实际。Dye 和 Ouyang（2005）的研究表明，在存货影响销售率因子固定的条件下，为了最大化单位时间利润，零售商应尽量提高单周期的有货时间；当最优单位时间利润较小时，最优单位时间利润对部分短缺量拖后率因子的变化更敏感；随着部分短缺量拖后率因子的增大，最优单位时间利润与不发生缺货的情形更加接近。罗兵等（2005c）在部分短缺量拖后率是顾客等待时间函数的库存控制模型中，增加考虑了资金（或费用）时间价值、存货变质以及存货影响销售率等因素对库存控制策略的影响，建立了相应的 EOQ 模型，采用 Mathematica 4.11 对模型进行仿真寻优和主要参数的灵敏度分析，结果显示：当部分短缺拖后率因子逐渐增大时，最优采购次数、服

务水平和库存总成本均逐渐增加。Dye（2007）建立了需求率是售价的函数且部分短缺拖后率与顾客等待时间相关的库存控制模型，证明了模型存在唯一最优解，并提出了一种寻找最优售价和最优库存控制策略的算法。在 Dye（2007）的研究中，部分短缺量拖后率的影响方式如式（2.7）所示。其中，$d(P)$ 为需求率，P 为售价，t 为顾客等待下一次补货德时间，δ 为大于零的常数。

$$B(t) = \frac{d(P)}{1 + \delta t} \tag{2.7}$$

Dye 等（2007）在 Dye（2007）的基础上提出了另一种需求率是售价的函数，并建立了存货影响销售率且部分短缺拖后率是顾客等待时间指数递减函数的库存控制模型，证明模型存在唯一最优解，提出了一种寻找最优售价和最优库存控制策略的简单算法，并用数值算例加以分析。部分短缺量拖后率的影响方式如（2.8）所示。其中，$d(P)$ 为需求率，P 为售价，t 为顾客等待下一次补货德时间，δ 为大于零的常数。

$$B(t) = d(P) e^{\delta t} \tag{2.8}$$

关于部分短缺量拖后的研究多数是在该假设的条件下进行，研究中出现的部分短缺量拖后率函数如式（2.9）~式（2.16）所示，其中 x 代表顾客的到达时间，t 代表顾客等待时间。

$$B(t) = \frac{1}{1 + \delta t}, \ t > 0 \ (\text{Chang and Dye, 1999；Dye and Ouyang, 2005})$$
$$\tag{2.9}$$

$$B(x) = \frac{1}{1 + \alpha(s_j - x)/H} \ (\text{Wang, 2002}) \tag{2.10}$$

$$B(t) = \frac{B}{1 + \gamma t}, \ 0 < B \leqslant 1 \ (\text{Papachristos and Skouri, 2003})$$
$$\tag{2.11}$$

$$B(x) = \frac{1}{1 + \alpha(T - x)} \quad (\text{Skouri and Papachristos, 2003})$$

$$(2.12)$$

$$B(x) = \frac{\beta}{1 + \delta(T - x)}, \ 0 < \beta \leq 1 \quad (\text{Pal et al., 2006}) \quad (2.13)$$

$$B(t) = \frac{1}{1 + \delta t} \quad (\text{Dye, 2007; Wu et al., 2006}) \quad (2.14)$$

$$B(\eta) = 1 - \frac{\eta}{T}, \ 0 \leq \eta < T \quad (\text{Hsu et al., 2007}) \quad (2.15)$$

$$B(t) = e^{-\sigma t}, \ \sigma \geq 0 \quad (\text{Dye et al., 2007; Yang and Wee, 2006})$$

$$(2.16)$$

2.2.2.4　价格折扣对部分短缺量拖后率的影响

在实际市场运作中，当短缺发生时，除了缺货数量、等待时间等因素外，其他因素也会影响顾客的等待决策。对于时尚类的商品，例如，某品牌的口香糖、鞋、音响器材，化妆品和服装等，由于顾客对此类商品的品牌忠诚度较高，顾客往往更愿意等待下次补货获得订购的商品。这意味着企业应该努力创造和提高客户忠诚度，使客户愿意接受预订。因此，如何创造和提高客户忠诚度、激发顾客在缺货时等待预订、提高部分短缺量拖后率，是一个有价值的问题。其中，向消费者提供价格折扣是重要手段之一（Chuang et al., 2004b；Ouyang et al., 2007；Pan and Hsiao, 2001）。

一般来说，价格折扣可能让顾客在缺货时更愿意等待所需的物品，卖方就能够通过价格谈判争取更多回单。借助价格折扣，企业也就可以产生较高的客户忠诚（Kotler and Keller, 2006）。由于价格折扣对于企业而言是有成本的。因此，如何通过价格折

扣实现对缺货率的最优控制，以尽量减少库存系统总成本是一个
有意义的决策问题（Chuang et al.，2004b；Lin，2009）。基于
此，Pan 和 Hsiao（2001）建立了可控提前期下部分短缺量拖后
率随价格折扣时变的库存控制模型，讨论了订货批量、提前期、
订货点和价格折扣的联合优化问题。部分短缺量拖后率随价格折
扣的变化方式如式（2.17）所示。其中，β 表示最大的价格折扣
率，π_x/π_0 表示价格折扣率。

$$\beta(t) = \beta \frac{\pi_x}{\pi_0} \tag{2.17}$$

Pan 和 Hsiao（2001）没有考虑到缺货数量和等待时间对部
分短缺量拖后率的影响。后来 Lee 等（2007b）综合考虑了与等
待时间相关的部分短缺量拖后率（Ouyang and Chuang，2001）、
需求是复合正态分布（Wu and Tsai，2001）以及与价格折扣相
关的部分短缺量拖后率（Pan and Hsiao，2001），建立了部分短
缺量拖后率随价格折扣和短缺量时变的库存控制模型，研究了需
求不确定下订货点、订货批量和价格折扣的联合优化问题。提前
期长短直接决定了缺货时顾客的等待时间，可控提前期下等待时
间对部分短缺量拖后率的影响较缺货数量更直接。

2.2.2.5 随机模糊的部分短缺量拖后率

部分短缺量拖后率与产品的替代性、品牌忠诚度、客户偏好
等因素相关，部分短缺量拖后率具有随机性或模糊性（Lin，
2008a；Ouyang and Chuang，1999）。基于此，Ouyang 和 Chuang
（1999）较早研究了随机部分短缺量拖后率的库存控制模型。
Ouyang 和 Chuang（1999）使用的部分短缺量变化方式如式
（2.18）所示。其中，$g(\beta)$ 代表部分短缺量拖后率的分布函数，

M_β 代表部分短缺量拖后率的期望值。

$$M_\beta = \int_0^1 \beta g(\beta) \, \mathrm{d}\beta \qquad (2.18)$$

Chang 等（1998）较早研究了模糊部分短缺量拖后下的库存控制模型。在 Chang 等（1998）的研究中，部分短缺拖后的数量使用三角模糊数表示 $\overline{S} = (s_1, s_0, s_2)$，假设 s_* 和 q_* 分别表示传统库存控制模型的经济缺货和订单数量。根据 s_* 及 s_1, s_0, s_2 顺序关系，可以找到库存控制模型模糊成本函数的隶属度函数，并且可以获得模糊意义的经济订货批量和部分短缺量拖后数量。研究显示，模糊化模型的总成本能更好地处理由于需求所带来的不确定性。另外，徐贤浩（2013）假设短缺拖后率与产品的吸引力有关，基于 BASS 模型研究了短生命周期产品订货策略问题。

综上所述，部分短缺量拖后率的影响因素、影响方式以及主要的研究文献如表 2.1 所示。

表 2.1　　　　　　　部分短缺量拖后率影响因素

影响方式	考虑的影响因素	文献
固定比率	无	Montgomery 等（1973），Rosenberg（1979），Park（1982，1983），Abad（2000），Goyal 和 Giri（2003），Hu 等（2009），Yang 等（2008），Pentico 等（2008），Liang 等（2008）
	生产状态	罗兵等（2005b）
	顾客耐烦期	罗兵等（2005a），Thangam 和 Uthayakumar（2008）
时变比率	等待时间	Abad（1996，2001，2003，2008），Chang 等（2006），Teng 等（2002），Papachristos 和 Skouri（2000，2002，2003），San Jose 等（2006），San Jose 等（2005），Chang 和 Dye（1999），Skouri 等（2009），Chern 等（2008）
	缺货数量	Padmanabhan 和 Vrat（1990，1995），Dye 和 Ouyang（2005），Dye 等（2006），王圣东和汪峻萍（2005）

影响方式	考虑的影响因素	文献
时变比率	价格折扣	Pan 和 Hsiao（2001），Chuang 等（2004b），Ouyang 等（2007），罗兵和李波（2008），Lin（2008b）
	产品吸引力	徐贤浩（2013）
模糊随机	无	Chang 等（1998），Ouyang 和 Chuang（1999），Lin（2008a）

2.3 部分短缺量拖后下库存控制模型的研究

2.3.1 部分短缺量拖后下库存控制模型的核心问题

部分短缺量拖后下库存控制模型的研究，通常首先确定部分短缺量拖后的影响因素，建立部分短缺量拖后率与其影响因素之间的数量关系，然后从需求率、变质率、成本结构等方面界定研究环境，并以微分方程形式建立基本库存控制模型。在此基础上，通常以存储成本、购买成本、订货成本、缺货成本、丢单成本等组成的总成本最小为目标，主要研究库存控制策略（订货策略）及其他因素的优化问题。

部分短缺量拖后下库存控制模型的求解方法主要包括两种途径：解析求解和数值求解。解析求解是以运筹学中线性规划、动态规划、非线性规划等理论为基础，将决策问题模型的最终解通过显式函数表达，并利用微积分的有关知识对模型性质进行精确分析。数值求解是结合决策问题的实际算例通过数值计算得到最终结果，并通过敏感性分析对模型性质进行近似分析。对于大多数优化问题而言，能够得到解析解的只是其中一小部分问题，而且通常有比较严格的限制条件（王凌，2001）。随着供应链管理的兴起，生产周期、提前期、信誉期、通货膨胀等因素相继被引入部分短缺量拖后的库存控制模型，模型的复杂度快速上升，解析求解变得越来越困难。数值求解成为部分短缺量拖后下库存控制模型的常见解决方法之一。许多部分短缺量拖后下库存控制模型的基本求解思路如下：首先，以总成本最小为目标，建立带约束的非线性规划模型，其次，通过 Matlab、Mathematica 等软件提供的优化工具箱，利用启发式算法求解，并进行实例仿真和敏感性分析。常用的启发式算法有牛顿法、变尺度法、遗传算法、模拟退火算法、禁忌搜索算法、粒子群算法等。

2.3.2 部分短缺量拖后下库存控制模型的研究环境

自 1915 年库存控制模型成为辅助库存控制决策的重要手段以来，在国内外众多库存学者的持续努力下，库存控制模型的研究领域不断扩充，从确定库存控制模型扩展到随机库存控制模型，从单品种库存控制模型扩展到多品种库存控制模型，从单级库存控制模型拓宽到供应链环境下的多级库存控制模型，已建立起庞大的模型体系，在形式和具体内涵上更加接近现实的经济管理活动，也极大地丰富和发展了库存控制理论。从 1973 年 Montgomery 首先将部分短缺量拖后引入库存控制模型以来，部分短缺量拖后下库存控制模型的研究文献也逐渐丰富，本节主要从需求率函数、变质率函数、成本等方面总结部分短缺量拖后下库存控制模型的研究环境。由于部分短缺量拖后下库存控制模型的研究往往考虑了变质因素，因此本节将总结的文献范围适当扩展到变质品库存控制模型研究（陈军，2008）。

2.3.2.1 需求率函数

从部分短缺量拖后下库存控制的基本模型看，需求率是影响库存水平的关键要素之一。在已有的库存控制模型研究文献中，需求率函数通常假定为两种类型：确定型需求率函数和随机型需求率函数。其中确定型需求率函数主要分为以下几种（陈军，2008）：

（1）常数需求率。部分短缺量拖后下库存控制模型的早期研究中，假设需求率为常数的文献较多。这种情况下，获取的库存水平函数比较简单，求解过程比较容易（Kevin Hsu and Yu，2009；Pentico et al.，2008；Wee and Yu，1997；Yang et al.，2008；罗兵等，2002b）。

（2）时变需求率函数。时变需求率可以使用以时间为自变量的线性减函数、非线性函数和负指数函数进行描述（陈军，2008），具体函数形式如下：

$$d(t) = a + bt \quad \text{（Benkherouf，1998；罗兵等，2002a）}$$

$$(2.19)$$

$$d(t) = \alpha e^{\beta t} \quad \text{（Wee，1995）} \quad (2.20)$$

$$d(t) = a + bt + ct^2 \quad \text{（Khanra and Chaudhuri，2003）} \quad (2.21)$$

（3）跳跃型需求率函数。跳跃型需求是对销售过程中，需求出现中断、突变、衰减（市场衰退期）的形象描述。如劣质产品被查封，有害物质被检测和通报，替代品上市等均会降低原有需求（陈军，2008）。具体函数形式如下：

$$d(t) = \begin{cases} dt, & t < \mu \\ d\mu, & t \geq \mu \end{cases} \quad (\text{Skouri et al. , 2009}) \quad (2.22)$$

当时间没有超过临界时刻点 μ 时，需求率 $d(t)$ 为时间 t 的线性函数；否则为常数需求率 $d\mu$。

$$d(t) = d_0[t - (t - \mu)H(t - \mu)] \quad (\text{Manna and Chaudhuri, 2006})$$

$$(2.23)$$

其中，

$$H(t - \mu) = \begin{cases} 1, & t \geq \mu \\ 0, & t < \mu \end{cases} \quad (2.24)$$

$$d(I(t)) = \begin{cases} \alpha[I(t)]^{\beta}, & I(t) \geq S_0 \\ \alpha S_0^{\beta}, & 0 \leq I(t) \leq S_0 \end{cases} \quad (\text{Datta and Pal, 1990})$$

$$(2.25)$$

当库存水平超过临界值 S_0 时，需求率依赖于库存水平，否则需求率和时间无关，为常数 αS_0^{β}。

$$d(t) = \begin{cases} \alpha + \beta I(t), & I(t) > 0 \\ \alpha, & I(t) \leq 0 \end{cases} \quad (\text{Wu et al. , 2006}) \quad (2.26)$$

式（2.26）表示缺货时的需求率和时间无关，且严格小于不缺货时的需求率。根据研究的具体情况，如 Hsu 和 Wee（2007）在研究生产终止时间影响需求的多周期库存控制策略时，考虑到临近生产终止时间的需求率将逐渐降低，假设需求率函数为

$$d_j(t, p) = \begin{cases} \dfrac{\alpha \omega(j)}{p^{\beta}}, & j = 1, 2, \cdots, N \\ 0, & j > N \end{cases} \quad (2.27)$$

其中，

$$\omega(j) = \frac{N - j + 1}{N} \quad (2.28)$$

（4）依赖于库存水平的需求率函数。早在 20 世纪 70 年代，市场营销的研究者就发现在货架或者柜台展示产品对过往的顾客购买产品具有刺激作用（Levin et al.，1972）。此后，部分学者便假设需求率依赖于库存水平，或者需求率同时依赖于库存水平和价格。具体需求率函数为：

$$\mathrm{d}(t) = \alpha \left[I(t) \right]^{\beta} \text{（Mandal and Maiti，1999）} \tag{2.29}$$

$$\mathrm{d}(t) = \alpha + \beta I(t) \text{（Chung et al.，2000）} \tag{2.30}$$

$$\mathrm{d}(t) = \left[I(t) \right]^{\beta} G(t), \ 0 \leqslant \beta < 1 \text{（Balkhi and Benkherouf，2004）} \tag{2.31}$$

（5）依赖于价格的需求率函数。价格是影响需求的重要因素之一。需求依赖于价格的需求率函数主要有两种：线性形式和乘积形式，具体如下：

$$\mathrm{d}(p) = a - bp \text{（罗兵和李波，2008；Wee and Law，1999）} \tag{2.32}$$

$$\mathrm{d}(p) = (a - bp)e^{\lambda t} \text{（Tsao and Sheen，2007）} \tag{2.33}$$

$$\mathrm{d}(p) = \alpha p^{-\beta} \text{（Rong et al.，2008）} \tag{2.34}$$

（6）同时依赖于库存水平和价格的需求率函数。

$$\mathrm{d}(I(t), p) = \alpha(p) + \beta I(t) \text{（Teng and Chang，2005）} \tag{2.35}$$

$$\mathrm{d}(t, p) = \alpha - \beta p + \eta I(t) \text{（You and Hsieh，2007）} \tag{2.36}$$

$$\mathrm{d}(A, p, q) = \begin{cases} \mathrm{d}(A, p, S_1), & q > S_1 \\ \mathrm{d}(A, p, q), & S_0 \leqslant q \leqslant S_1 \\ \mathrm{d}(A, p, S_0), & q \leqslant S_0 \end{cases} \tag{2.37}$$

其中，S_0，S_1 为展示库存参数，

$$\mathrm{d}(A, p, q) = A^{\gamma}(a - bp + cq) \text{（Pal et al.，2005）} \tag{2.38}$$

（7）随机需求率函数。需求受到多种因素影响，往往具有随

机性。库存控制模型的研究也引入了这一特性。例如，黄波等（2007）认为需求预测通常是基于对以往需求的统计分析上做出，容易得到需求的期望值和标准偏差，但较难发现其分布规律，尤其是在缺乏历史数据的行业。基于此，黄波等（2007）考虑部分短缺量拖后率与销售商提供的价格折扣和缺货期间库存水平相关，提出了一种需求服从任意分布且提前期和构建成本（即订购成本）均可控的 EOQ 模型，证明了模型存在唯一最优解，研究表明：一般情况下，压缩提前期和降低构建成本能降低订购批量、安全库存和库存总成本；部分短缺量拖后系数和缺货概率对库存总成本的影响较大，企业应尽量降低缺货概率，尤其在部分短缺量拖后系数较小时。

2.3.2.2 变质率函数

变质率是刻画产品属性的一个重要因子，不同的产品往往具有不同的变质率，其库存控制策略需要根据变质率的大小进行调整。在具体研究中，通常假定变质率为常数或者时变。

（1）变质率为常数。对于无易腐性的产品而言，在途运输和装卸搬运过程中产品之间的相互碰撞以及受到外力撞击只会使少量产品外观受损、功能丧失，变质更多体现在供需矛盾下的价值衰减。这种产品的变质率很小，通常假定为常数。据统计，电脑配件、手机等每周的贬值率为 1% 左右（陈军，2008）。而经过二次加工和包装的食品，如盒装、袋装牛奶、饮料、罐头、火腿等，变质率在保质期内也非常小（陈军，2008）。

（2）时变得变质率函数。部分产品自产出后开始变质。理论上通常用线性函数、负指数函数或者 weibull 分布函数刻画产品的劣变趋势。

$$\lambda(t) = \frac{\alpha}{H - \beta t} \quad (\text{Balkhi，2001}) \qquad (2.39)$$

$$\lambda(t) = bt \quad (\text{Mukhopadhyay et al.，2004}) \qquad (2.40)$$

$$\lambda(t) = \alpha\beta t^{\beta-1} \quad (\text{Chu et al.，1998；Law and Wee，2006；}$$

Papachristos and Skouri，2003；Wee and Law，2001；

$$\text{Wee and Wang，1999}) \qquad (2.41)$$

2.3.2.3　部分短缺量拖后成本的衡量

库存控制的本质是通过对补货时间和补货数量的控制平衡各项库存成本，达到最小化库存系统总成本的目的。因此，库存研究的前提是对各项库存成本进行客观准确的衡量。在部分短缺量拖后下库存控制研究中，部分短缺量拖后成本的计算主要有三种不同方法。

（1）与缺货数量相关的部分短缺量拖后成本。即单位数量的部分短缺量拖后成本是固定的，缺货成本与缺货数量成正比，没有考虑等候时间的差异化。与缺货数量相关的部分短缺量拖后成本是一维形式的成本衡量方法（单位：元/件）（Chen and Zheng，1993；Hadley and Whitin，1963）。

（2）与缺货时间相关的部分短缺量拖后成本。即单位缺货时间的部分短缺量拖后成本是固定的，缺货成本与缺货时间成正比，没有考虑缺货数量的差异化，与缺货时间相关的部分短缺量拖后成本也是一维形式的成本衡量方法（单位：元/单位时间）（Peterson and Silver，1979）。

（3）与缺货时间和缺货数量相关的部分短缺量拖后成本。即单位短缺量拖后单位时间的成本是固定的。与缺货时间和缺货数量相关的部分短缺量拖后成本是二维形式的成本衡量方法（单位：元/件/单位时间）（Chen and Zheng，1993；Padmanabhan and Vrat，1990）。

大多数研究是采用上述三种部分短缺量拖后成本形式中的一种。少量研究是联合采用两种部分短缺量拖后成本形式。Johnson 和 Montgomery（1974）首先联合考虑两种不同的部分短缺量拖后成本形式，一旦出现短缺，首先发生与缺货数量相关的固定部分短缺量拖后成本，然后部分短缺量拖后成本将根据缺货数量的增加、等待时间的延长不断积累（单位：元/件/单位时间）（称为线性缺货成本，因为它使总部分短缺量拖后成本随缺货时间和缺货数量线性增加）。其单位短缺量的总拖后成本如式（2.42）所示。其中，$C(t)$ 为单位短缺量总拖后成本，C_0 为单位短缺量的固定拖后成本，a 为单位短缺量拖后单位时间的成本率。总缺货成本如式（2.43）所示。其中，B 代表部分短缺量拖后的总数量。

$$C(t) = C_0 + at \qquad\qquad (2.42)$$

$$C = BC(t) \qquad\qquad (2.43)$$

根据 Johnson 和 Montgomery（1974）提出的部分短缺量拖后成本，Sphicas（2006）对部分短缺量拖后下的 EOQ 模型和 EPQ 模型进行了研究，San Jose 等（2006）研究了部分短缺量拖后率随等待时间指数变化的库存控制模型。Hu 等（2009）认为单位短缺量拖后单位时间的成本也是随等待时间逐渐增加的，基于此修正了 Johnson 和 Montgomery（1974）提出的部分短缺量拖后成本计算方法，其中单位短缺量拖后单位时间的成本率 a 的计算如式（2.44）所示。b 代表单位短缺量拖后单位时间的成本随等待时间增长的比率。

$$a(t) = C_1 + bt \qquad\qquad (2.44)$$

2.3.2.4　构建成本可变

库存控制模型一般将构建成本（外购物料时的订购成本或自制物料时的生产调整成本）视为固定常数，是不可控制的（黄波等，2007）。但是企业的实际运作中可以通过人员培训、优化管理流程、增加先进设备等措施降低构建成本（黄波等，2007）。众多学者从不同方面对降低构建成本的库存问题进行了研究（Freimer et al.，2006）。基于这一事实，黄波等（2007）在提前期和构建成本均可控的条件下，考虑部分短缺量拖后率与价格折扣和缺货数量相关，提出了需求服从任意分布的库存控制模型，并证明了模型存在唯一最优解。数值仿真分析表明，一般情况下，压缩提前期和降低构建成本能降低订购批量和安全库存，降低库存总成本；短缺量拖后系数和缺货概率对库存系统的总成本影响较大，企业应尽量降低缺货概率，尤其在短缺量拖后系数较小时。

2.3.2.5　考虑通货膨胀和资金的时间价值

通货膨胀下的资金价值采用折扣现金流方法（DCF = Discounted cash-flow approch）进行折算，假设折扣率为 r，则在订货周期 T 内的成本现值为 Ce^{-rT}，其他成本照此折算（陈军，2008）。Buzacott（1975）最早将该决策要素引入 EOQ 模型。随后，诸多学者扩展了他的模型。王圣东和汪峻萍（2005）在考虑资金时间价值及通货膨胀率的环境下研究了部分短缺量拖后的变质物品最优订购问题。在研究中，王圣东和汪峻萍（2005）假定变质率为常数、部分短缺量拖后率与实际缺货量相关，给出了寻找最优订购策略的算法，并且证明了在该策略下费用函数将取得最小值。最后给出数字实例以说明本模型及求解过程。熊中楷等（2005）在考虑通货膨胀的环境下建立了部分短缺量拖后的变质品两货栈库存控制模型，采用了两种不同的库存控制策略：模型 1 是短缺出现在每周期末的两货栈库存控制模型；模型 2 是每周期开始出现短缺，周期结束无短缺的两货栈库存控制模型。通过两种模型的比较发现：当不考虑通货膨胀的影响时，两种模型的运作成本是一样的；当考虑通货膨胀的影响时，模型 2 的运作成本比模型 1 低。该文还提供算例辅以说明，为销售商的库存管理决策提供理论依据（其他研究可以参见：Chung and Tsai，1997；Hou，2006；Chung and Liao，2006；Jaggi et al.，2006）。

2.3.2.6 考虑仓库容量限制

根据供应商制定的分销策略，零售商为了获得折扣优惠，往往增加订货量而超出自营仓库 OW 的极限容量 W（陈军，2008）。此时，租赁仓库 RW 存储多余产品是现实中的常见做法。理论上通常假设 OW 位于中心市场，RW 位于二级市场或者较为偏远的地方。考虑到 RW 具有配套的存储设备和专业的管理水平，单位存储成本比 OW 高但变质率比 OW 低（陈军，2008）。Sarmar（1983）首次建立了无限补货率的两仓库存储模型。之后，Murdeshwar（1985）将其模型扩展为有限补货率。Rong 等（2008）将部分短缺量拖后引入两仓库的变质库存控制模型中，使用模糊数刻画提前期，并严格限定产品只能从 OW 出货，在产品从 RW 连续转运到 OW 的背景下，采用区间近似方法建立了模糊平均利润函数，最后采用 Global Criteria Method 方法进行求解。

2.3.2.7　广告宣传

广告宣传对市场需求具有重要影响，而需求率是影响库存水平的最关键要素之一。因此，库存控制模型的研究也需要考虑广告宣传的影响。例如，Pal 等（2005）提出了随价格、展示库存水平及广告频率变化的需求函数，以订货点、库存水平、订货批量以及周期为决策变量，构建了固定部分短缺量拖后率库存控制模型。其中，库存水平对需求的影响是三阶分段函数关系（two-component demand rate with respect to the displayed stock. level）。后来，Pal 和 Bhunia（2006）增加考虑了库存补充过程中的成本投入，进一步扩展了 Pal 等（2005）的研究。

2.3.2.8　生产状态随机变化

所谓生产状态随机变化是指生产过程随机地从一种可控状态向另一种不可控状态转移（文晓巍和张光辉，2009）。当生产处于可控状态时，生产出来的产品全部是合格品；而处于不可控状态时，会生产一定比例的次品（Kevin Hsu and Yu 2009；Pentico et al.，2008）。林欣怡等（2007）假设生产状态的转移服从均匀分布，建立随机生产状态下部分短缺量拖后的变质产品生产—库存控制模型，证明了生产—库存控制模型的总成本函数是关于生产次数的凹函数，并由此提出了最优生产次数算法。该算法能够有效地将 $4n+1$ 维的最优问题转化为一维问题，为变质商品的生产—库存决策提供了简便有效的求解算法。

2.3.2.9　非瞬时补货

非瞬时补货的库存控制模型，也称经济生产批量模型（Economic Production Quality，EPQ），拓宽了 EOQ 模型中瞬时补货的限制，在有限补货能力的条件下考虑了补货数量及补货时间的优化问题（Biskup et al.，2003；Leung，2007）。允许缺货的非瞬时补货库存控制模型最早出现在 1977 年（Shah，1977）。在现有研究中，罗兵（2002）和 Giri 等（2005）建立了固定部分短缺量拖后率下边补货边需求的 EOQ 模型；然而固定的短缺量拖后率不能真实反映外界因素对缺货时消费者决策的影响，因此罗兵等（2005b）在罗兵（2002）的基础上假设缺货期间短缺量拖后率与是否开始补货相关，建立了短缺量拖后率不同的边补货边需求 EOQ 模型，罗兵等（2005b）虽然考虑了补货前的等待时间对短缺量拖后率的影响，但是缺乏考虑补货开始后有限补货能力引起的额外等待时间；Skouri 和 Papachristos（2003）基于 EOQ 模型中短缺量拖后率取决于缺货量获得满足所需等待时间的观点，假设部分短缺量拖后率是下次补货前等待时间的函数，以补货时间为决策变量，研究了时变部分短缺量拖后下的边补货边需求EOQ 模型。

2.3.2.10　提前期可控

提前期是指从下游发出订单到收到上游供货的时间间隔。提前期往往由多个阶段构成，例如，订单准备、订单发送、供应商备货、产品运输等。通过增加投入，如增添新的设备、改善信息系统或者建立新的生产设施、库存设施，可以压缩提前期，因此提前期在某种程度上说是可控的。1991 年，Liao 和 Shyu 首先对可控提前期的库存控制模型进行了研究（Liao and Shyu，1991）。而可控提前期下考虑部分短缺量拖后的库存控制模型的研究始于1996 年（Ouyang et al.，1996），后来的研究从影响部分短缺量拖后率的因素，如等待时间（Zequeira et al.，2005）、缺货数量（Ouyang and Chuang，2001）、价格折扣（Pan and Hsiao，2001）或者同时考虑缺货数量和价格折扣（Lee et al.，2007；黄波等，2007），对模型进行了扩展。另外，黄庆扬等（2009）在生产质量与生产批量成反比的情况下，有顾客流失的且提前期和质量水平可控的联合经济批量优化问题。

2.3.2.11　二级供应链系统

缺货补偿策略的有效实施，需要供应链上下游在流程设计、运作策略、收益分配等方面进行有效合作与协调（宋华明和马士华，2007）。因此，在供应链环境下研究缺货补偿策略的优化问题，才能保证策略的顺利实施，又能提高策略的实施效果（Thangam A and Uthayakumar R，2008；Lin Y J，2009；Zhou Y W and Wang S D，2009）。

库存管理是供应链协调的重要组成部分之一，是供应链效率的关键因素之一（刘永胜和李敏强，2004）。库存协调模型可以分为集成库存系统模型和多级库存模型两类（刘永胜和李敏强，2004）。在集成库存系统模型中，联合经济批量问题是研究热点。该问题从供应链角度优化生产批量和订货批量，实现供应链成员之间生产与库存的协调（夏海洋和黄培清，2008）。联合经济批量问题研究，从"批对批"的假设（Goyal S K，1976；Alkhi Z T，2001），拓展到"生产批量是采购商订货批量的整数倍"（Goyal S K，1988），再到允许运输批量不等的情形（Goyal S K，1995），并进一步拓展到需求不确定的情形（Pan A C H and Yang J S，2002）。联合经济批量优化，能够优化整个供应链的成本，但未必能够提高每个供应链成员的收益，容易引起供应链成员之间的冲突。例如，夏海洋等（2009）在二级供应链中，分采购商占主导地位和供应商占主导地位两种情形，讨论了采购商的最优订货决策与供应商的最优生产决策，比较分析了联合经济批量模型中的损失补贴与利益分配问题。

关于部分短缺量拖后下由供应商和零售商组成的二级供应链库存控制模型的研究，从查阅的文献看，始于2005年。罗兵等（2005c）考虑了资金的时间价值和固定的部分短缺量拖后率，建立了包括一个供应商和一个订货商、从原材料到产成品的VMI模型，通过数值仿真和灵敏度分析表明，供应链各成员的成本最优和系统成本最优的订货周期和服务水平是不一致的，部分短缺量拖后率对供应链各成员的成本和系统总成本有不同程度的影响。该文是较早对部分短缺量拖后下二级供应链进行研究的成果之一。有研究认为缺货时顾客决定是否等待存在短缺量门槛值，短缺量超过该门槛值时，顾客不会等待下次补货，短缺量会完全丢失（San Jose et al.，2005）。基于此，Yang等（2006）以零售商的订货批量、允许的最大短缺量和订货次数为决策变量，在固定部分短缺量拖后率的情况下，建立了完全信息下的供应商管理库存控制模型。模型中考虑了零售商的持有成本、订货成本、拖后成本和缺货成本，供应商的生产成本和持有成本。研究结果显示，部分短缺量拖后率的减少、持有成本率的增加、需求率的减少、补货能力的增加，都会扩大短缺量完全拖后模型和部分拖后模型的总成本差异（Yang et al.，2006）。罗兵等（2006）对罗兵等（2005c）建立的模型进行了扩展，在固定部分短缺量拖后率、原材料和产品瞬时补充的环境下，建立线性时变需求下存在部分短缺量拖后的VMI库存控制模型，数据仿真表明服务水平λ和丢单系数μ对供应商和零售商的最优策略都存在影响（罗兵等，2006）。李国政等（2006）在罗兵等（2006）的基础上，建立了部分短缺量拖后下、由一个供应商和多个零售商组成的 VMI 库存控制模型（Li et al.，2006）。

供应链环境下，从时间纬度讨论缺货补偿策略的研究首先是从库存控制角度在集中决策下开展的。李宇雨等（2007）考虑等待时间对部分短缺量拖后率的影响，构建了包含单一订货商和供应商的 VMI 库存控制模型，研究了如何通过优化库存控制策略缩短等待时间达到对顾客进行补偿的目的。从提前期压缩角度看，尽管供应链环境下关于提前期压缩策略及协调的研究比较丰富的（刘蕾等，2007），例如，Pan 等（2002）在单个供应商和单个采购商组成的集中决策供应链中研究了订货批量、订货提前期和配送次数的优化问题；Pan 等（2004）进一步将单位时间的压缩费视为订购量的线性函数，且允许缺货；Wu 等（2007）在 Pan 等（2002）的基础上，增加考虑了订单中存在不合格品的情况；宋华明等（2007）在分散决策的供应链中分析了提前期压缩对供应链成员收益的影响以及如何实现供应链成员收益的帕累托改进；Hsiao（2008）拓展了提前期与订购数量无关的假设，将提前期表示为订购量与生产率的函数，并指出第一次订购的提前期包含了生产准备时间与生产时间，每个库存周期的提前期并非完全相等；夏海洋和黄培清（2011）在固定部分短缺量拖后率的假设下，研究了提前期可控的供应商和采购商整合库存优化问题，讨论了联合生产批量、提前期、再订货点和订货量的联合优化；宋华明等（2011）假设提前期依赖于订购批量和生产率，建立了制造商和零售商的联合库存决策模型；程云龙等（2016）假定提前期可控且可通过追加成本缩短提前期，建立了拥有不同再订购点的一体化随机库存模型。但是目前在部分短缺量拖后率与等待时间相关的假设下基于提前期压缩分析缺货补偿的研究还较少。

在价格折扣补偿策略方面，Lin（2009）在供应链环境下讨论了基于价格折扣的缺货补偿策略优化问题。研究假设部分短缺量拖后率与价格折扣相关，讨论了价格折扣策略和供应商生产投资的联合优化问题。

目前供应链环境下缺货补偿策略的研究大多是在集中决策的供应链中进行的，优化目标是实现系统收益最大化。然而，供应链成员多是独立的利益主体，基于集成供应链的研究没有考虑供应链成员之间的利益博弈关系。缺货补偿策略在增加收益的同时也需要付出额外的成本（鲁其辉等，2004；达庆利和张钦，2005；梅晚霞和马士华，2007）。缺货补偿策略为供应链成员带来的收益或者增加的成本存在差异，例如，压缩提前期可以缩短顾客等待时间，提高部分短缺量拖后率，但是提前期压缩往往会提高零售商的收益而增加供应商的成本（宋华明和马士华，2007）。缺货补偿策略不可避免会发生各种摩擦与冲突，损害供应链伙伴的合作关系。因此，供应链环境下缺货补偿策略的顺利实施，需要设计良好的协调机制有效解决双方的利益冲突，激励双方共同努力创造共赢的局面。设计良好的协调机制是供应链环境下缺货补偿策略顺利实施的前提。然而，在分散决策供应链中关于缺货补偿策略的研究还较少。Zhou等（2009）基于斯坦伯格博弈模型在固定部分短缺量拖后率的假设下讨论了供应商和零售商的库存控制策略及生产策略的联合优化问题。然而固定部分短缺量拖后率的假设没有考虑顾客偏好因素影响，也就没有涉及缺货补偿策略的有关问题。

2.3.3　部分短缺量拖后下库存控制模型的决策问题

在对部分短缺量拖后下库存控制模型的核心问题和研究环境进行综述的基础上，结合本书研究的主要问题，本节将对部分短缺量拖后下库存控制策略、提前期压缩和价格折扣优化决策的研究成果进行总结。

2.3.3.1　部分短缺量拖后下库存控制策略研究

库存控制策略，也称补货策略，是根据物资消耗、订购的特点，分析并制订的库存补充方法，需要确定订货时间及订货数量等基本的库存控制问题（马士华和林勇，1995）。库存控制策略的选择及其控制参数的设置，直接影响着库存系统的平均缺货数量和缺货时顾客的平均等待时间。而库存系统的平均缺货数量、缺货时顾客的平均等待时间都影响着部分短缺量拖后率。因此，对库存控制策略的优化能够达到控制部分短缺量拖后数量的目的。

在部分短缺量拖后下库存控制模型的研究中，库存控制策略的优化主要包括两方面内容：库存控制策略的选择优化和库存控制策略的参数优化。库存控制策略的选择优化是根据库存系统的实际情况为库存系统选择合适的库存控制策略；库存控制策略的参数优化是根据库存系统的实际情况对库存控制策略的订货时间、订货数量等基本控制参数进行优化。

目前大多数有关库存控制策略的优化研究都侧重于在更复杂的环境下优化库存控制策略的控制参数，以达到更好应用现有库存控制策略的目的。自 1913 年 Harris 提出 EOQ 模型以来，连续

性检查的 (s, S) 策略和 (r, Q) 策略作为两种重要的库存控制策略在企业库存管理中得到了广泛应用。现在很多的库存管理软件仍然是以 (s, S) 策略和 (r, Q) 策略或是其衍生模型为核心。其后，为了减少管理成本，以 (t, S) 策略为代表的周期性检查策略得到重视。因此，大多数有关库存控制策略的研究都是以连续性检查的 (s, S) 策略、(r, Q) 策略和周期性检查策略的 (t, S) 策略为研究对象的。例如，在短缺量完全拖后的假设下，对 (r, Q) 连续性检查策略，Zhao 等（2007）考虑了库存空间的约束，在随机需求和固定提前期的条件下，研究了单产品和多产品的单点库存系统中 r 和 Q 的优化问题。对 (t, S) 周期性检查策略，Chen 和 Chen（2004）以成本最优化为目标，研究了多阶段库存控制模型中各周期的检查时点、价格以及订货批量的最优化问题。自 1973 年 Montgomery 首先在库存系统中对部分短缺量拖后进行量化研究以来（Montgomery et al.，1973），部分学者也对部分短缺量拖后下库存控制策略的优化进行了研究。例如，对于 (r, Q) 连续性检查策略，Chu 等（2001）在单门槛值和二门槛值的部分短缺量拖后控制策略下，研究 (r, Q) 连续性检查策略订货点和订货批量的优化问题，并指出两门槛值控制策略在成本控制方面优于单门槛控制策略。对于 (s, S) 连续性检查策略，Pal 等（2006）假设需求与存货展示数量、价格以及广告投入相关，存货数量对顾客需求的影响存在一个区间，在部分短缺量拖后率与等待时间相关的假设下以及展示区间容量约束下，研究了 (s, S) 连续性检查策略的最大库存 S 和最小库存 s 的优化问题。对 (t, S) 周期性检查策略，Liang 等（2008）在需求服从正态分布和固定部分短缺量拖后率的假设下建立了考虑价格折扣的 (t, S) 周期性检查库存控制模型，研究了检查周

期 t 和最大订货量 S 的优化问题。

与库存控制策略参数优化的研究成果相比，对库存控制策略选择优化的研究成果还相对偏少。库存控制策略的选用还主要是根据库存成本结构和需求波动性（马士华和林勇，1995）。根据以往的研究，连续性检查策略适合于需求量大、缺货费用较高、需求波动性较大的物资管理。而周期性检查策略适用于一些不很重要的，或使用量不大的物资管理。然而，在考虑部分短缺量拖后的库存控制模型中，顾客对缺货数量和等待时间的敏感度都会影响部分短缺量拖后率，库存系统的缺货数量和补货时间在不同的库存控制策略下往往存在较大差异。因此，根据顾客对缺货数量和等待时间的敏感程度，不同库存控制策略存在不同的适用范围。目前同时考虑缺货数量和补货时间对部分短缺量拖后率影响的研究都还很少。

2.3.3.2 部分短缺量拖后下提前期压缩决策

除了库存控制策略外，提前期压缩也是部分短缺量拖后的控制措施之一。提前期压缩在部分短缺量拖后控制中有重要作用。提前期通常包括订单准备、订单递送、供货商提前期、交货期、准备期等环节（李果等，2012）。提前期的长短直接决定了补货耗费的时间，而顾客在缺货时往往会根据等待时间的长短决定是否等待下次补货，等待的时间越短，顾客愿意等待的可能性就越大，短缺量拖后的数量也就越多。缩短提前期，能够明显减少缺货时顾客的等待时间，提高部分短缺量拖后的数量，同时还可以减少安全库存和缺货损失、降低库存资金风险、加速顾客响应、改善顾客服务水平、提高企业的竞争力。因此，提前期决策也是部分短缺量拖后下库存控制重要的决策问题之一。

　　Porteus（1985）和 Kim（1992）较早研究了提前期库存问题。但这些研究均将提前期视为常数或随机变量，即不可控制的。1991 年，Liao 和 Shyu 首先对可控提前期的库存控制模型进行了研究（Liao and Shyu，1991）。Ben‑Daya 在 Liao 和 Shyu（1991）的基础上，假设库存系统采用（r，Q）连续性检查策略，将订货批量与订货点作为决策变量纳入模型中（Ben‑Daya and Abdul，1994）。而可控提前期下考虑部分短缺量拖后的库存控制模型的研究始于 1996 年（Ouyang et al.，1996）。Ouyang 等（1996）在 Liao 和 Shyu（1991）的基础上，认为提前期决策直接决定了缺货时顾客的等待时间，会影响部分短缺量拖后率的大小，首先考虑了缺货期间的部分短缺量拖后现象，建立了固定短缺量拖后率下订货提前期可控的库存模型，研究了库存控制策略和提前压缩据决策的联合优化问题。但是固定部分短缺量拖后率并不能刻画等待时间和缺货数量等因素对顾客决策的影响，缺货数量越多、等待时间越长，愿意等待下次补货的顾客就越少，部分短缺量拖后率也就会越小（Dye and Ouyang，2005；Liang et al.，2008）。后来的研究从影响部分短缺量拖后率的因素，如等待时间、缺货数量、价格折扣（Pan and Hsiao，2001，2005）或者同时考虑缺货数量和价格折扣（Lee et al.，2007；黄波等，2007），对模型进行了扩展。Zequeira 等（2005）假设部分短缺量拖后率与等待时间相关，建立了时变部分短缺量拖后率下订货提前期可控的库存模型（Zequeira et al.，2005）。Ouyang 和 Chuang（2001）假设部分短缺量拖后率与等待时间相关，分别建立了提前期需求服从正态分布和提前期需求概率分布一、二阶矩已知的时变部分短缺量拖后率下订货提前期可控的库存模型，开发了相应的算法寻找到对应的最优订购策略，并用数值算例来说明求解过程，分析表明，提前期长度越长，部分短缺量拖后比率越小（Ouyang and Chuang，2001）。Pan 和 Hsiao（2005）将提前期压缩成本定义为压缩的提前期和订购量的函数，并且考虑部分短缺量拖后率是供应商给顾客的价格折扣的线性函数，分别提出了正态分布需求和一般分布需求情况下的可控提前期库存控制模型（Pan and Hsiao，2005）。

2.3.3.3　部分短缺量拖后下价格折扣决策

除了库存控制策略和提前期压缩外，价格折扣也是部分短缺量拖后的控制措施之一。一般来说，价格折扣可能让客户在缺货时更愿意等待所需的物品，卖方就能够通过价格谈判争取更多回单，向消费者提供价格折扣是激发顾客在缺货时等待预订、提高部分短缺量拖后率的重要手段之一（Chuang et al.，2004a，2004b；Ouyang et al.，2007；Pan and Hsiao，2001）。

Wee（1999）首先建立了同时考虑数量折扣、价格、产品变质以及固定部分短缺量拖后率的确定性库存控制模型。研究中需求率与定价成反比关系。算例表明临时价格折扣发生在订货期任意时刻的总成本更大。运用 Love（1979）提出的全数量折扣策略（其中，折扣价格 $v_1 > v_2 > \cdots > v_n$，m_1，m_2，$\cdots$，m_n 表示数量边界）。但是，Wee（1999）的研究并没有直接反映价格折扣对部分短缺量拖后率的影响。在 Wee（1999）研究的基础上，除了考虑数量折扣、固定比率的部分短缺量拖后、与时间相关的变质率、随价格变化的需求率，Papachristos 和 Skouri（2003）增加考虑了与等待时间相关的部分短缺量拖后率。

$$v_i(q_i) = \begin{cases} v_1, & m_1 < q_1 \leqslant m_2 \\ v_2, & m_2 < q_2 \leqslant m_3 \\ v_n, & m_n < q_n \end{cases} \tag{2.45}$$

Pan 和 Hsiao（2001）较早提出了与价格折扣相关的部分短缺量拖后率，建立了可控提前期下部分短缺量拖后率随价格折扣时变的库存控制模型，讨论了基于价格折扣的部分短缺量拖后控制策略，研究了库存控制策略、提前期压缩策略和价格折扣策略的联合优化问题。部分短缺量拖后率随价格折扣的变化方式如式（2.46）所示。其中，β 表示最大的价格折扣率，π_x / π_0 表示价格折扣率。但是，Pan 和 Hsiao（2001）没有考虑到缺货数量和等待时间对部分短缺量拖后率的影响。

$$\beta(t) = \beta \frac{\pi_x}{\pi_0} \tag{2.46}$$

后来，Lee 等（2007b）和黄波等（2007）综合了 Zequeira 等（2005）、Ouyang 和 Chuang（2001）、Pan 和 Hsiao（2001）的研究，最早同时考虑了缺货数量和价格折扣对部分短缺量拖后率的影响，建立了可控提前期下部分短缺量拖后率随价格折扣和短缺量时变的库存控制模型。在新的市场环境下，顾客对需求获得满足的时间都越来越敏感，等待时间对缺货时顾客决策的影响越来越大，这要求企业更加重视提前期决策以控制顾客等待时间（Zequeira et al. , 2005）。可控提前期下等待时间对部分短缺量拖后率的影响较缺货数量更直接。因此，企业需要综合考虑等待时间和价格折扣对部分短缺量拖后率的影响，统筹提前期和价格折扣决策，以挽留顾客、降低成本。另外，陈剑等（2008）研究了缺货情况下差异定价策略及相应库存策略的优化问题，并讨论了投机行为的预防问题。秦诗月（2014）考虑了与价格折扣相关的部分短缺量拖后以及顾客驱动的需求替代，建立单产品及存在需求替代的多周期库存模型，求得多周期下产品的最优折扣及采购量。

2.4 本 章 小 结

结合本书研究的两个主要问题，本章从库存决策中部分短缺量拖后的影响因素及方式和部分短缺量拖后的有效控制两个方面对现有研究成果进行总结。一方面，从部分短缺量拖后的情景出发，对部分短缺量拖后的影响因素及影响方式进行了比较全面的、系统的综述，为后文深入研究部分短缺量拖后率的影响因素及方式奠定了基础。另一方面，在对部分短缺量拖后下库存控制模型的核心问题及研究环境进行归纳的基础上，根据部分短缺量拖后率的影响因素，对部分短缺量拖后下考虑库存控制策略、提前期压缩策略和价格折扣策略优化的研究成果及其不足进行了总结和评述，为后文对部分短缺量拖后控制措施的研究奠定了基础。

第 3 章

补货能力影响部分短缺量
拖后的库存控制模型研究

在考虑边补货边需求的库存控制模型中，由于补货能力有限，补货开始后未满足的顾客订单并不能立即得到满足，根据补货能力的大小，顾客还需要等待一定时间以获得订购的商品。基于部分短缺量拖后率与等待时间相关的假设，在边补货边需求库存控制模型中，本章增加考虑了补货开始后缺货量得到满足的等待时间对部分短缺量拖后率的影响，提出了与补货能力、短缺数量和等待时间相关的部分短缺量拖后率影响方式，建立了补货能力影响部分短缺量拖后的变质商品边补货边需求库存控制模型，分析了补货能力对部分短缺量拖后的影响。本章的研究进一步完善了部分短缺量拖后率影响因素的研究。

3.1　问题的提出

现有的库存控制模型大多是由经济订货批量模型（Economic

Order Quality，EOQ）不断完善和拓展而来的。作为库存控制理论的经典模型之一，尽管 EOQ 模型的假设存在不合理性，但是 EOQ 模型还是得到了广泛应用。作为对 EOQ 模型的扩展，边补货边需求 EOQ 模型，也称为经济生产批量模型（Economic Production Quality，EPQ），拓宽了 EOQ 模型中瞬时补货的限制，在有限补货能力的条件下考虑了补货数量及补货时间的优化问题（Biskup et al.，2003；Leung，2007）。边补货边需求 EOQ 模型一般也存在某些严格的假设条件，例如，不允许短缺货或者全部延期交货、需求率恒定、提前期为零等（Leung，2007）。由于供应、生产等因素的制约以及生产经济性的权衡，库存系统在运作过程中往往存在不能及时补货的情况，因此缺货情况下的边补货边需求 EOQ 模型更具有实际应用价值。

经典 EOQ 模型在发生缺货时通常假设未满足的需求是完全拖后或者完全损失。但是在实际库存系统中，当缺货发生时，部分顾客可能愿意等待至下次补货时取得商品，厂商仅承担缺货损失，不丧失销售机会；另一部分顾客则可能会购买替代品，厂商则需承担相应的机会成本（Wee，1993）。因此，未满足的需求完全拖后或者完全损失的假设并不符合实际，未满足的需求往往是部分拖后的。近年来有关 EOQ 模型的研究中，部分短缺量拖后率的假设经历了由固定（Warrier and Shah，1999）到时变的过程，影响时变部分短缺量拖后率的因素也出现了短缺数量（Dye et al.，2006；Padmanabhan and Vrat，1990）和等待时间（Dye and Ouyang，2005；罗兵等，2005b）两种不同的观点。

允许缺货的边补货边需求 EOQ 模型（即允许缺货的 EPQ 模型）最早出现在 1977 年（Shah，1977）。其后的研究中，缺货时未满足需求常常被认为是完全拖后或者完全损失（Luo，1998；

Ronald et al.，2004），对部分短缺量拖后下边补货边需求 EOQ 模型的研究相对较少。在现有研究中，罗兵（2002）和 Giri 等（2005）建立了固定部分短缺量拖后率下边补货边需求的 EOQ 模型；然而固定的短缺量拖后率不能真实反映外界因素对缺货时消费者决策的影响，因此罗兵等（2005b）在罗兵（2002）的基础上假设缺货期间短缺量拖后率与是否开始补货相关，建立了短缺量拖后率不同的边补货边需求 EOQ 模型，罗兵等（2005b）虽然考虑了补货前的等待时间对短缺量拖后率的影响，但是缺乏对补货开始后有限补货能力引起的额外等待时间的考虑；Skouri 和 Papachristos（2003）基于 EOQ 模型中短缺量拖后率取决于缺货量获得满足所需等待时间的观点，假设部分短缺量拖后率是下次补货前等待时间的函数，以补货时间为决策变量，研究了时变部分短缺量拖后下的边补货边需求 EOQ 模型。但是，在非瞬时补货的假设下，缺货量在补货开始后并不能立即获得满足，由此产生的等待时间也应计入缺货量获得满足所需等待时间，然而 Skouri 和 Papachristos（2003）并没有考虑该问题。当缺货发生时，短缺量得到满足的等待时间应该包括两部分：下次补货前的等待时间和补货开始后短缺量得到满足的时间。在瞬时补货的 EOQ 模型中，补货开始后短缺量得到满足的时间可以忽略不计。但是，在边补货边需求的 EOQ 模型中，补货开始后短缺量得到满足的时间与短缺数量、补货能力相关，短缺数量越小，补货能力越大，则等待的时间越短。因此，在边补货边需求的 EOQ 模型中，补货能力和缺货数量也会影响短缺量拖后率，部分短缺量拖后率除了考虑下次补货前的等待时间外，还应该考虑短缺数量和补货能力的影响。

针对 Skouri 和 Papachristos（2003）在处理非瞬时补货下部分

短缺量拖后率时存在的问题，本章拟增加考虑补货能力和缺货数量对短缺量拖后率的影响，提出边补货边需求的 EOQ 模型中部分短缺量拖后率变化方式，修正 Skouri 和 Papachristos（2003）没有完整考虑短缺量获得满足所需等待时间的问题，并以补货时刻为决策变量，建立时变的部分短缺量拖后率、需求率和补货成本的变质商品边补货边需求 EOQ 模型，最后对三个算例进行仿真求解和分析。

3.2　研究假设及符号定义

3.2.1　研究假设

　　许多电子类商品，由于市场竞争激烈和产品生命周期缩短，厂家往往在其生命周期的成长期内就逐步降价以占据市场，同时产品需求也快速增长。这样的情况下，可能会出现厂家补货能力不足，导致缺货时部分短缺量拖后的情况。另外，该类商品，特别是电子元器件商品，由于对存放环境的温度和湿度要求苛刻，在存放过程中易出现品质下降的问题，例如，电池的容量在长久存放后与标识规格不符、电子商品由于温度和湿度的影响也有自然老化的过程，因此该类商品又具有变质的特征（Goyal and Giri，2001）。因而，处于成长期的电子类商品，在制定其库存策略时，要充分考虑需求和价格变化的趋势、变质等因素的影响（罗兵等，2005c）。基于此，本章的研究基于以下假设条件：

　　假设 1　计划期有限。

假设 2　需求随时间指数递增。具有广泛市场接受度的新商品在其生命周期的成长期，其需求随时间的变化往往具有递增指数函数的特征，而商品在其生命周期的衰退期，其需求随时间的变化往往符合递减的指数函数曲线（Christian，1990）。本章研究商品的成长期阶段，故假设需求随时间指数递增。

假设 3　供应价格随时间指数递减。许多电子及电子元器件商品的价格普遍存在随时间呈指数下降的趋势（郑惠莉和达庆利，2003）。因此，本章假设供应价格随时间指数递减。

假设 4　补充能力有限且固定。由于供应、生产、物流等因素的制约以及生产经济性的权衡，库存系统在运作过程中往往存在不能及时补货的情况。因此本章假设补充能力有限且固定。

假设 5　物品存在变质现象，变质时间服从参数为定值的指数分布。在实际库存系统中，物品经存储后，质量通常会发生变化，如电子元器件的失效等，存在变质现象，变质时间服从参数为定值的指数分布（罗兵等，2005c）。

假设 6　物品存在存货影响销售率现象，影响程度为任意时刻库存水平的函数。许多销售实践表明，商品现货展示的数量直接影响销售率，这种现象被称作存货影响销售率，因此本章假设物品存在存货影响销售率现象，影响程度为任意时刻库存水平的函数（罗兵等，2005c）。

假设 7　允许缺货，短缺量拖后率与短缺量获得满足的等待时间成负指数关系。总的等待时间由两部分组成：下次补货前的等待时间和补货开始后短缺量按照发生时间的先后顺序获得满足所需的时间。随着下一次补货前等待时间的减少，越来越多需求未满足的顾客愿意等待，短缺量拖后的比率就会逐渐增加，因此本章假设短缺量拖后率与短缺量获得满足的等待时间呈负指数关系（Papachristos and Skouri，2000）。

3.2.2　符号定义

文中使用的数学符号如下：

H 表示计划时域长度。

n 表示计划期内采购次数；（决策变量）。

C_1 表示每次固定补货成本。

C_2 表示单位商品单位时间的保管成本。

C_3 表示单位商品单位时间的缺货成本。

C_4 表示单位商品机会损失成本。

P 表示单位时间内的补充能力。

$D(t)$ 表示物品的需求率，$D(t) = Ae^{at}(a > 0)$。

$P(t)$ 表示物品的采购价格，$P(t) = pe^{-\lambda t}(\lambda > 0)$。

$I_i(t)$ 表示第 i 周期内 t 时刻的库存水平。

S_i 表示第 i 周期内物品开始缺货的时刻点。

B_i 表示第 i 周期内开始补货的时刻点（决策变量）。

T_i 表示第 i 周期内库存为零的时刻。

U_i 表示第 i 周期内停止补货的时刻点（决策变量）。

θ 表示物品的变质系数。

β 表示存货影响销售率系数。

a_1、a_2 表示部分短缺量拖后率影响因子。部分短缺量拖后率影响形式为：e^{-t}。其中，t 为短缺量获得满足的总等待时间。

3.3　数 学 模 型

补货能力影响部分短缺量拖后的变质商品边补货边需求 EOQ

模型中，在补货周期 i 内其库存水平随时间的变化曲线由四个阶段构成（分别以 $I_i^1(t)$，$I_i^2(t)$，$I_i^3(t)$，$I_i^4(t)$ 表示），如图 3.1 所示（曲线的凹凸性依据具体情况而定）：在第一阶段，未满足的需求根据下次补货前的等待时间长短和补货开始后获得满足的等待时间长短决定拖后的比例，直到时间到达补货的开始时间 B_i；在第二阶段，补货开始后，根据先来先满足的原则，优先满足第一阶段未满足需求中拖后的部分，这一时段内产生的需求根据补货开始后获得满足的等待时间确定延迟拖后的比例，直到 T_i 时刻所有拖后的需求都将得到满足，库存为零；在第三阶段，补货继续进行，直到达到补货停止的时刻 U_i；在第四阶段，第三阶段累积的商品库存逐渐被新的需求消耗，直到在 S_{i+1} 时刻再次变为零。

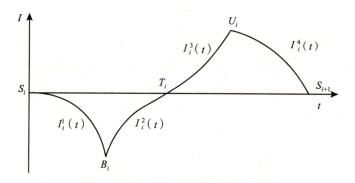

图 3.1　单周期内库存水平随时间的变化

在第一阶段，总的等待时间包括等待下次补货前的等待时间和补货开始后需求获得满足的时间；在第二阶段，总的等待时间则只包括补货后需求获得满足的时间。因此，在补货周期的第一阶段，部分短缺量拖后率的影响形式为：

$$e^{-a_1(B_i-t)-a_2\frac{|I_i(t)|}{P}} \tag{3.1}$$

在第二阶段，部分短缺量拖后率的影响形式为：

$$e^{-a_2\frac{|I_i(t)|}{P}} \tag{3.2}$$

在计划时域内，S_i、T_i、S_{i+1} 分别为库存水平为零的时刻，B_i、U_i 分别为开始补货和结束补货的时刻。显然，库存水平 $I_i(t)$ 是时间的函数，其变化规律如图 3.1 所示。在第 i 个周期内（$i=1,2,3,\cdots,n$），四个不同阶段中库存水平随时间的变化情况如下：

阶段 I　$S_i \leqslant t < B_i$：

$$\frac{dI_i(t)}{dt} = -Ae^{at}e^{-a_1(B_i-t)-a_2\frac{|I_i(t)|}{P}} \tag{3.3}$$

阶段 II　$B_i \leqslant t < T_i$：

$$\frac{dI_i(t)}{dt} = -Ae^{at}e^{-a_2\frac{|I_i(t)|}{P}} + P \tag{3.4}$$

阶段 III　$T_i \leqslant t < U_i$：

$$\frac{dI_i(t)}{dt} = -Ae^{at} - (\beta+\theta)I_i(t) + P \tag{3.5}$$

阶段 IV　$U_i \leqslant t < S_{i+1}$：

$$\frac{dI_i(t)}{dt} = -Ae^{at} - (\beta+\theta)I_i(t) \tag{3.6}$$

由边界条件 $I_i(S_i)=0$，$I_i(T_i)=0$ 以及在 B_i、U_i 时刻库存水平相同，四个不同阶段中库存水平的情况如下：

阶段 I　$S_i \leqslant t < B_i$：

$$I_i(t) = -\frac{P}{a_2}\log\left[\frac{Aa_2}{p(a+a_1)}e^{(a+a_1)t-a_1B_i} + con_1\right] \tag{3.7}$$

其中

$$con_1 = 1 - \frac{Aa_2}{p(a+a_1)}e^{(a+a_1)S_i - a_1 B_i} \tag{3.8}$$

阶段 II $B_i \leq t < T_i$:

$$I_i(t) = -\frac{P}{a_2}\log\left[\frac{Aa_2}{p(a+a_1)}e^{at} + con_2 e^{-a_2 t}\right] \tag{3.9}$$

其中

$$con_2 = Aa_2\left[\frac{1}{p(a+a_1)} - \frac{1}{p(a+a_2)}\right]e^{(a+a_2)B_i}$$
$$\tag{3.10}$$
$$-\frac{Aa_2}{p(a+a_1)}e^{(a+a_1)S_i - (a_1-a_2)B_i} + e^{a_2 B_i}$$

阶段 III $T_i \leq t < U_i$:

$$I_i(t) = \frac{P}{\beta+\theta} - \frac{A}{a+\beta+\theta}e^{at} + \frac{A}{a+\beta+\theta}e^{(a+\beta+\theta)T_i - (\beta+\theta)t}$$
$$\tag{3.11}$$
$$-\frac{P}{\beta+\theta}e^{(\beta+\theta)(T_i-t)}$$

阶段 IV $U_i \leq t < S_{i+1}$:

$$I_i(t) = Ae^{-(\beta+\theta)t}\int_t^{S_{i+1}} e^{(a+\beta+\theta)u}\mathrm{d}u \tag{3.12}$$

根据式（3.7）~式（3.12），可以计算库存系统的各项成本：

保管成本：

$$C_H = C_2\sum_{i=1}^{n}\left(\int_{T_i}^{U_i}\frac{P}{\beta+\theta} - \frac{A}{a+\beta+\theta}e^{at}\mathrm{d}t\right.$$
$$+\int_{T_i}^{U_i}\frac{A}{a+\beta+\theta}e^{(a+\beta+\theta)T_i - (\beta+\theta)t}\mathrm{d}t$$
$$-\int_{T_i}^{U_i}\frac{P}{\beta+\theta}e^{(\beta+\theta)(T_i-t)}\mathrm{d}t$$
$$\left.+\int_{U_i}^{S_{i+1}}Ae^{-(\beta+\theta)t}\int_t^{S_{i+1}}e^{(a+\beta+\theta)u}\mathrm{d}u\mathrm{d}t\right) \tag{3.13}$$

缺货成本:

$$C_s = C_3 \sum_{i=1}^{n} \left(\int_{S_i}^{B_i} \frac{P}{a_2} \log\left[\frac{Aa_2}{p(a+a_1)} e^{(a+a_1)t-a_1B_i} + con_1 \right] dt \right.$$

$$\left. + \int_{B_i}^{T_i} \frac{P}{a_2} \log\left[\frac{Aa_2}{p(a+a_1)} e^{at} + con_2 e^{-a_2 t} \right] dt \right)$$

(3.14)

采购成本:

$$C_P = \sum_{i=1}^{n} \left(pe^{-\lambda B_i} (U_i - B_i) P + C_1 \right)$$　(3.15)

变质成本:

$$C_D = \theta \sum_{i=1}^{n} \left(\int_{T_i}^{U_i} \left(\frac{P}{\beta+\theta} - \frac{A}{a+\beta+\theta} e^{at} \right. \right.$$

$$\left. + \frac{A}{a+\beta+\theta} e^{(a+\beta+\theta)T_i-(\beta+\theta)t} \right) pe^{-\lambda t} dt$$

$$- \int_{T_i}^{U_i} \frac{P}{\beta+\theta} e^{(\beta+\theta)(T_i-t)} pe^{-\lambda t} dt + pe^{-\lambda B_i}$$

$$\left. \int_{U_i}^{S_{i+1}} Ae^{-(\beta+\theta)t} \int_{t}^{S_{i+1}} e^{(a+\beta+\theta)u} du dt \right)$$

(3.16)

丢单成本:

$$C_L = C_4 \sum_{i=1}^{n} \left(\int_{S_i}^{B_i} Ae^{at} \left(1 - e^{-a_1(B_i-t)-a_2 \frac{|I_i(t)|}{P}} \right) dt \right.$$

$$\left. + \int_{B_i}^{T_i} Ae^{at} \left(1 - e^{-a_2 \frac{|I_i(t)|}{P}} \right) dt \right)$$

(3.17)

由式 (3.13) ~ 式 (3.17),可得库存系统的总成本, $TC(n, U_1, \cdots, U_n, S_1, \cdots, S_n)$:

$$TC(n, U_1, \cdots, U_n, S_1, \cdots, S_n) = C_H + C_S + C_P + C_D + C_L$$

(3.18)

3.4　模型分析及数值仿真

　　补货能力影响部分短缺量拖后的变质商品边补货边需求库存控制模型属于多阶库存控制模型。多阶库存控制模型是多次建储的库存控制模型，需要解决多次订货的决策。本章结合实际算例采用数值求解方法对模型进行求解，在验证模型正确性的同时，也通过敏感性分析研究补货能力对总成本、补货次数、平均库存数量和平均丢单数量的影响。

3.4.1　算例 I

　　为寻求模型的最优解，在 Matlab 7.0 数学软件中，使用英国谢菲尔德大学提供的遗传算法工具箱进行仿真求解。在仿真中，罗兵等（2005c）中的算例，设定需求 $D(t) = 30e^{0.02t}$，采购价格 $P(t) = 1.3e^{-0.005t}$，计划周期长度 $H = 50$，$C_1 = 55$，$C_2 = 0.3$，$C_3 = 15$，$C_4 = 20$，$P = 200$，$\theta = 0.03$，$\beta = 0.02$，$a_1 = 1.2$，$a_2 = 2.1$。仿真中获得的较优解，其总成本是 4930.9，补货开始和结束的时间如表 3.1 所示。仿真中，最优解的总成本和种群所有个体平均成本的收敛曲线如图 3.2 所示。

表 3.1　　　　算例 1 较优解中补货开始和结束的时间

序号	补货开始时间	补货结束时间
1	0.044	0.4392
2	2.5326	4.092

续表

序号	补货开始时间	补货结束时间
3	10.4425	11.6346
4	16.2836	16.7806
5	18.25	19.86
6	24.7186	25.948
7	28.972	31.2958
8	46.2056	47.975

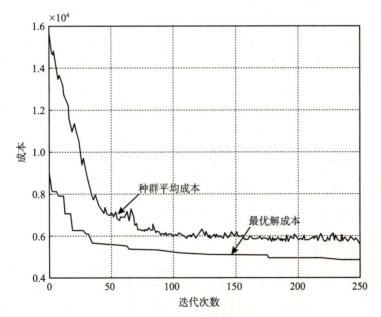

图 3.2　算例 1 种群平均成本和最优解成本的收敛曲线

为了验证边补货边需求 EOQ 模型中补货能力对部分短缺量
拖后率和最优补货方案的影响以及模型的正确性，本章对补货能
力进行了敏感性分析。不同补货能力下，部分短缺量拖后的边补

货边需求 EOQ 模型通过仿真获取的最优总成本、补货次数，平均库存数量和平均丢单数量（注：缺货时没有拖后的需求）如表 3.2 所示，其随补货能力变化的趋势如图 3.3 ~ 图 3.5 所示。

表 3.2　　　　　　算例 1 补货能力的敏感性分析

补货能力	总成本	补货次数	平均库存数量	平均丢单数量
100	5638.5	9	92.8751	62.5997
150	4974.5	8	106.0093	61.0848
200	4930.9	8	106.1315	60.7702
250	5093.2	8	144.0479	64.2652
300	5244	7	163.6017	61.7435
350	5249	7	156.4962	66.0811
400	5328.2	6	168.9025	66.7401
450	5625.6	6	185.9771	63.4371
500	5688.7	6	175.4236	58.7019

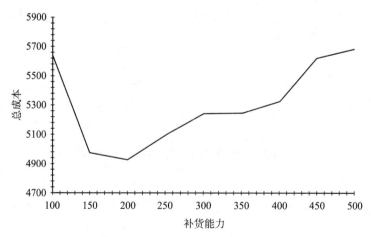

图 3.3　算例 1 总成本变化曲线

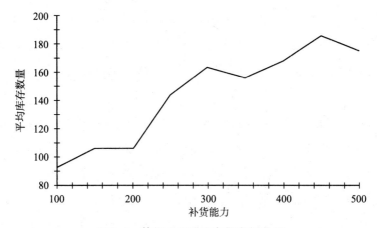

图 3.4　算例 1 平均库存量变化曲线

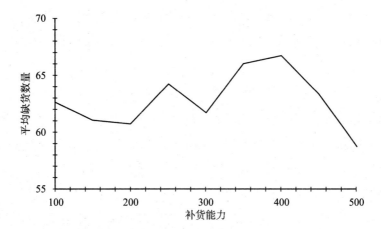

图 3.5　算例 1 平均丢单数量变化曲线

由表 3.2 及图 3.3～图 3.5 可得：

（1）随着补货能力的增加，最优解的补货次数逐渐减少。由于每次补货存在固定补货成本，在需求总量一定的情况下，减少补货次数有利于降低总成本。

（2）随着补货能力的增加，最优解的平均库存数量逐渐增加。由于补货能力的增大和补货次数的减少，在需求总量一定的情况下，平均库存数量将会增加。同时由于补货次数和平均库存数量存在此消彼长的关系，因此补货次数最终将稳定在某一固定水平上。

（3）随着补货能力的增加，最优解的平均丢单数量倾向于减少。随着补货能力的增大，一方面，最优解倾向于减少补货次数进行集中补货，因此，在一个补货周期的第一阶段，缺货时下次补货前的等待时间可能会增大，部分短缺量拖后的部分会减少，平均丢单数量会增多；另一方面，补货能力足够大，因此在一个补货周期的第二阶段，补货开始后未满足需求得到补充的等待时间会减少，部分短缺量拖后的部分会增加，平均丢单数量会减少。由于两种机制的相互制约，平均丢单数量随补货能力变化趋势不如补货次数和平均库存数量明显，因此在中等补货能力水平上（200～400阶段），丢单数量的变化趋势是震荡的。但是，在补货能力特别大的时候如图3.5中，补货能力从400变为450时，由于补货次数相对稳定，第二种机制的作用大于第一种趋势的作用，平均丢单数量减少趋势明显，因此较大的补货能力能够增加短缺量拖后的比率，减少丢单的数量。

（4）随着补货能力的增加，最优解的总成本先减少再增加。在初始阶段，随着补货能力增大，因补货次数减少，节约的固定补货成本大于由此增加的库存成本，因此总成本呈下降趋势；但是随着补货能力继续增大，节约的固定补货成本小于由此增加的库存成本。因此总成本呈上升趋势。因此，补货能力与需求水平是相互匹配的，过高和过低的补货能力都会带来额外的成本。

3.4.2　算例Ⅱ

为验证物品需求率函数假设对算例 1 结论的影响，算例 2 在相同的仿真环境下，保持算例 1 中其他参数不变，提高模型中物品需求的平均水平（即增大了物品需求函数中系数 A 和 a 的取值），参考郑惠莉和达庆利（2003），假设新的需求函数为 $D(t) = 20e^{0.01t}$，进行仿真求解，并对补货能力进行敏感性分析，其结果如表 3.3 所示，其中总成本、补货次数、平均库存数量和平均丢单数量随补货能力的变化曲线如图 3.6 ~ 图 3.8 所示。根据表 3.3 和图 3.6 ~ 图 3.8，算例 2 中，总成本、补货次数、平均库存数量和平均丢单数量随补货能力的变化规律与算例 1 相同，算例 1 得到的结论成立。

表 3.3　　　　　　　算例 2 补货能力的敏感性分析

补货能力	总成本	补货次数	平均库存数量	平均丢单数量
50	3439.6	10	33.736	25.091
60	3309.5	7	59.612	24.382
70	3112.7	7	69.114	23.945
80	3231.2	7	69.675	22.877
90	3347.9	7	89.906	23.829
100	3878	7	95.674	23.628
150	4057.3	6	101.441	23.615
200	4096.5	6	101.614	23.052
250	4226.7	6	108.609	23.586
300	4351.9	6	117.347	22.41

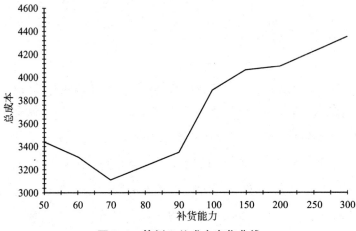

图 3.6　算例 2 总成本变化曲线

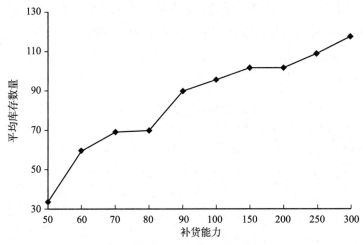

图 3.7　算例 2 平均库存量变化曲线

3.4.3　算例Ⅲ

为验证物品供应价格函数假设对算例 1 结论的影响，算例 3
在相同的仿真环境下，保持算例 1 中其他参数不变，降低模型中
物品供应价格的平均水平（即降低物品供应价格函数中系数 p 的

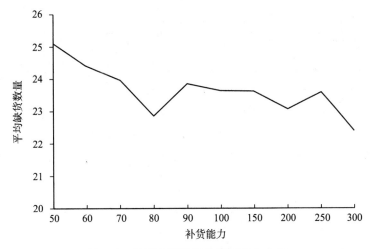

图 3.8　算例 2 平均丢单数量变化曲线

取值，提高物品供应价格函数中系数 λ 的取值），参考郑惠莉和达庆利（2003），假设新的供应价格函数 $P(t) = 0.7e^{-0.008t}$，进行仿真求解，并对补货能力进行敏感性分析，其结果如表 3.4 所示，其中总成本、补货次数、平均库存数量和平均丢单数量随补货能力的变化曲线如图 3.10 ~ 图 3.11 所示。根据表 3.4 和图 3.10 ~ 图 3.11，算例 3 中，总成本、补货次数、平均库存数量和平均丢单数量随补货能力的变化规律与算例 1 相同，算例 1 得到的结论成立。

表 3.4　　　　　　　　算例 3 补货能力的敏感性分析

补货能力	总成本	补货次数	平均库存数量	平均丢单数量
50	3771.2	8	45.773	62.484
100	2825.7	6	86.028	71.693
110	3290.9	6	93.182	70.661
120	3213.5	5	79.825	56.95
150	3428.5	5	126.814	57.469

续表

补货能力	总成本	补货次数	平均库存数量	平均丢单数量
200	3784.6	5	135.314	63.398
250	3705.6	5	147.806	55.78
300	3707.9	5	138.464	53.185
350	3929.8	5	147.055	67.694
400	3944.6	5	150.172	51.292

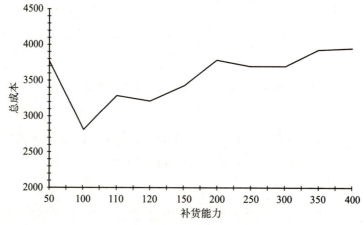

图 3.9　算例 3 总成本变化曲线

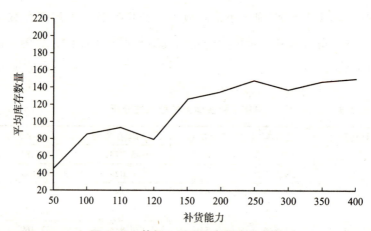

图 3.10　算例 3 平均库存量变化曲线

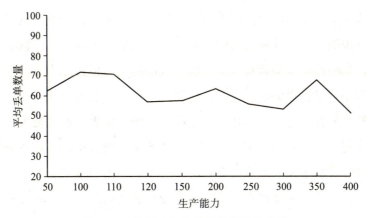

图 3.11　算例 3 平均丢单数量变化曲线

3.5　本 章 小 结

考虑部分短缺量拖后的边补货边需求库存控制模型往往照搬瞬时补货库存控制模型中关于部分短缺量拖后的处理方式。这种方法忽略了补货能力和缺货数量对短缺需求获得满足所需等待时间的影响，不能正确反映短缺量拖后率随等待时间的变化，达不到合理利用部分短缺量拖后的目的。在考虑补货的库存决策问题中，由于补货能力有限，补货开始后未满足的顾客订单并不能立即得到满足，根据补货能力的大小，顾客还需要等待一定时间以获得订购的商品，补货能力越大，补货开始后顾客等待的时间也就越小。因此，与等待时间相关的部分短缺量拖后率需要考虑补货能力和缺货数量对短缺需求获得满足所需等待时间的影响。基于此，本章综合考虑了下次补货前的等待时间长短和开始补货后短缺量获得满足的等待时间对部分短缺量拖后率的影响，建立了补货能力影响短缺量拖后率的边补货边需求库存控制模型，拓展了边补货边需求库存控制模型的实用性，并通过三个算例的数值仿真说明：随着补货能力的增加，补货次数会下降到某一固定水平，虽然增加了缺货量等待下次补货的时间，但是减少了补货开始后缺货量获得满足的时间，所以在中等水平的补货能力下，丢单数量随补货能力的变化趋势不明显，但是较大的补货能力能够增加短缺量拖后的比率，减少丢单的数量，也就验证了补货能力对部分短缺量拖后率确实存在影响。本章提出的模型为处于成长期、价格不断下降且存在部分短缺量拖后的商品库存控制策略提供了参考。

第 4 章

部分短缺量拖后下库存
控制策略优化研究

本章从库存控制策略的角度研究如何在库存决策中充分利用部分短缺量拖后现象，达到提高积极挽留顾客、避免缺货导致顾客流失、降低成本的目的。部分短缺量拖后的数量与等待时间、缺货数量等因素相关。根据顾客对缺货数量和等待时间的敏感度以及成本结构，本章从库存成本和顾客敏感度两个纬度优化部分短缺量拖后下不同库存控制策略的适用范围。

4.1　问题的提出

部分短缺量拖后广泛存在于服装、食品、快速消费品等行业（Chang and Dye，1999；罗兵等，2005c）。不同行业中，顾客在决定是否等待时对短缺数量和补货时间等因素有不同的敏感度，例如，在服装等定制程度较高的行业，顾客对缺货数量往往更敏感；在快速消费品等定制程度较低的行业，顾客对补货时间更敏感。顾客敏感度影响着部分短缺量拖后率的大小。而库存系统的平均缺货数量和补货时间在不同的库存控制策略下差异较大。因此，根据顾客对缺货数量和补货时间的敏感度，选择合适的库存控制策略，能增加短缺量拖后的比率，降低缺货和丢单成本。

自 1913 年 Harris 提出 EOQ 模型以来，连续性检查的 (s, S) 策略和 (r, Q) 策略作为两种重要的库存控制策略在企业库存管理中得到了广泛应用。现在很多的库存管理软件仍然是以 (s, S) 策略和 (r, Q) 策略或是其衍生模型为核心。其后，为了减少管理成本，以 (t, S) 策略为代表的周期性检查策略得到重视。根据以往的研究，连续性检查策略适合于需求量大、缺货费用较高、需求波动性较大的物资管理。而周期性检查策略适用于一些不很重要的，或使用量不大的物资管理。

目前，大多数有关库存控制策略的研究都侧重于在更复杂的环境下如何更好地应用现有库存控制策略。例如，对 (r, Q) 连续性检查策略，Zhao 等（2007）考虑了库存空间的约束，在随机需求和固定提前期的条件下，研究了单产品和多产品的单点库存系统中 r 和 Q 的优化问题。对 (t, S) 周期性检查策略，Chen 和 Chen（2004）以成本最优化为目标，研究了多阶段库存控制模型中各周期的检查时点、价格以及订货批量的最优化问题。但是，Zhao 等（2007）和 Chen 和 Chen（2004）都是假设短缺量完全拖后。自 1973 年 Montgomery 首先在库存系统中对部分短缺量拖后进行量化研究以来（Montgomery et al.，1973），部分学者也对部分短缺量拖后下库存控制策略进行了研究。例如，Chu 等（2001）采用 (r, Q) 连续性检查策略，研究了单点库存系统中缺货时部分短缺量拖后的控制策略。

对于常见的连续性和周期性库存控制策略的适用范围，已有的文献从成本、需求波动性等角度进行了研究（马士华和林勇，1995）。然而，在考虑部分短缺量拖后的库存系统中，顾客对缺货数量和等待时间的敏感度影响着部分短缺量拖后率，库存系统的缺货数量和补货时间在不同的库存控制策略下往往存在较大差异。因此，根据顾客对缺货数量和等待时间的敏感程度，不同的库存控制策略存在不同的适用范围。目前同时考虑缺货数量和补货时间对部分短缺量拖后率影响的研究都还很少。

基于此，为了讨论部分短缺量拖后下基于顾客敏感度的库存控制策略适用范围，本章首先建立部分短缺量拖后下边补货边需求的多阶段 EOQ 模型，然后以 (s, S) 连续性检查策略、(t, S) 周期性检查策略及 (t, s, S) 库存控制策略为研究对象，通过数据仿真的方法，比较各策略在不同缺货数量和补货时间敏感度下的总成本，从而根据顾客的敏感度区分库存控制策略的适用范围。

4.2　研究假设及符号定义

4.2.1　基本假设

缺货时，顾客会根据缺货数量、等待时间等因素决定是否等待下次补货。对于不同的商品种类而言，顾客对于缺货数量、等待时间的敏感度存在明显差异，例如对于定制程度较高商品，顾客会对缺货的数量更加敏感；对于快速消费品类上坪，顾客会对等待时间更加敏感。不同的库存控制策略会导致库存系统的平均缺货时间和缺货数量存在差异。因此，根据顾客的敏感度，对不同商品的库存控制应该根据实际情况选择合适的库存控制策略。本书研究基于以下假设条件：

假设1 计划期有限。

假设2 需求随时间指数递增。具有广泛市场接受度的新商品在生命周期的成长期，其需求随时间的变化往往具有递增指数函数的特征，而商品在其生命周期的衰退期，其需求随时间的变化往往符合递减的指数函数曲线（Christian，1990）。故假设商品的成长期阶段，其需求随时间指数递增。

假设3 供应价格随时间指数递减。许多商品的价格普遍存在随时间呈指数下降的趋势（郑惠莉和达庆利，2003）。因此，假设供应价格随时间指数递减。

假设4 补充能力有限且固定。由于供应、生产、物流等因素的制约以及生产经济性的权衡，库存系统在运作过程中往往存在不能及时补货的情况。因此假设补充能力有限且固定。

假设5 物品存在变质现象，变质时间服从参数为定值的指数分布。在实际库存系统中，物品经存储后，质量通常会发生变化，如电子元器件的失效等，存在变质现象，变质时间服从参数为定值的指数分布（罗兵等，2005c）。

假设6 物品存在存货影响销售率现象，影响程度为任意时刻库存水平的函数。许多销售实践表明，商品现货展示的数量直接影响销售率，这种现象被称作存货影响销售率，因此假设物品存在存货影响销售率现象，影响程度为任意时刻库存水平的函数（罗兵等，2005c）。

假设7 允许缺货，缺货时存在部分短缺量拖后。部分短缺量拖后率与下次补货前的缺货数量和等待时间相关。短缺量拖后率与短缺量获得满足的等待时间成负指数关系（Papachristos and

Skouri，2000）。等待时间除了包括下次补货前的等待时间，还包括补货开始后短缺量按照到达时间的先后顺序获得满足所需的时间。由于顾客对缺货数量和补货时间的敏感度存在差异，因此在短缺量拖后率函数中，定义部分短缺量拖后率影响因子 a_1 和 a_2 分别表示缺货时顾客对下次补货前等待时间和缺货数量的敏感程度。

4.2.2　符号定义

文中使用的数学符号如下：

H 表示计划时域长度。

n 表示计划期内采购次数。

P 表示单位时间内的补充能力。

$D(t)$ 表示物品的需求率，$D(t) = Ae^{at}(a > 0)$。

$P(t)$ 表示物品的采购价格，$P(t) = pe^{-\lambda t}(\lambda > 0)$。

$I_i(t)$ 表示第 i 周期内 t 时刻的库存水平。

S_i 表示第 i 周期内物品开始缺货的时刻点。

B_i 表示第 i 周期内开始补货的时刻点。

T_i 表示第 i 周期内库存为零的时刻。

U_i 表示第 i 周期内停止补货的时刻点。

θ 表示物品的变质系数。

4.3　数　学　模　型

4.3.1　基本数学模型

在边补货边需求 EOQ 模型中，在补货周期 i 内其库存水平随时间的变化曲线由四个阶段构成（分别以 $I_i^1(t)$，$I_i^2(t)$，$I_i^3(t)$，$I_i^4(t)$ 表示），如图 4.1 所示：在第一阶段，未满足的需求根据下次补货前的等待时间和补货开始后获得满足的等待时间决定拖后的比例，直到时间到达补货的开始时间 B_i；在第二阶段，补货开始后，根据先来先满足的原则，优先满足第一阶段未满足需求中拖后的部分，这一时段内产生的需求根据补货开始后获得满足的等待时间确定延迟拖后的比例，直到 T_i 时刻所有拖后的需求都将得到满足，此时库存为零；在第三阶段，补货继续进行，直到达到补货停止的时刻 U_i；在第四阶段，第三阶段累积的商品库存逐渐被新的需求消耗，直到 S_{i+1} 再次变为零。

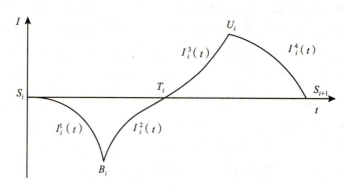

图 4.1　单周期内库存水平的变化情况

在第一阶段，总等待时间包括等待下次补货前的等待时间和补货开始后需求获得满足的时间；在第二阶段，总等待时间只包括补货后需求获得满足的时间。根据假设 7，部分短缺量拖后率的影响形式如下：

在补货周期的第一阶段，部分短缺量拖后率的影响形式为：

$$e^{-a_1(B_i-t)-a_2\frac{|I_i(t)|}{P}} \tag{4.1}$$

在补货周期的第二阶段，部分短缺量拖后率的影响形式为：

$$e^{-a_2 \frac{|I_i(t)|}{P}} \tag{4.2}$$

在计划时域内，S_i、T_i、S_{i+1} 分别为库存水平为零的时刻，B_i、U_i 分别为开始补货和结束补货的时刻。显然，库存水平 $I_i(t)$ 是时间的函数，其变化规律如图 4.1 所示。在第 i 个周期内，库存水平的变化情况如下：

阶段 I　$S_i \leqslant t < B_i$：

$$\frac{\mathrm{d}I_i(t)}{\mathrm{d}t} = -Ae^{at}e^{-a_1(B_i-t) - a_2\frac{|I_i(t)|}{P}} \tag{4.3}$$

阶段 II　$B_i \leqslant t < T_i$：

$$\frac{\mathrm{d}I_i(t)}{\mathrm{d}t} = -Ae^{at}e^{-a_2\frac{|I_i(t)|}{P}} + P \tag{4.4}$$

阶段 III　$T_i \leqslant t < U_i$：

$$\frac{\mathrm{d}I_i(t)}{\mathrm{d}t} = -Ae^{at} - (\beta + \theta)I_i(t) + P \tag{4.5}$$

阶段 IV　$U_i \leqslant t < S_{i+1}$：

$$\frac{\mathrm{d}I_i(t)}{\mathrm{d}t} = -Ae^{at} - (\beta + \theta)I_i(t) \tag{4.6}$$

由边界条件 $I_i(S_i) = 0$，$I_i(T_i) = 0$ 以及在 B_i、U_i 时刻库存水平相同，四个不同阶段中库存水平的情况如下：

阶段 I　$S_i \leqslant t < B_i$：

$$I_i^1(t) = -\frac{P}{a_2}\log\left[\frac{Aa_2}{P(a+a_1)}e^{-a_1B_i + (a+a_1)t} + C_i^1\right] \tag{4.7}$$

其中，C_i^1 为常数，由等式 $I_i^1(S_1) = 0$（当 $i = 1$ 时）及等式 $I_{i-1}^4(S_i) = I_i^1(S_i)$（当 $i > 1$ 时）确定。

阶段 II　$B_i \leqslant t < T_i$：

$$I_i^2(t) = Pt + \frac{a + a_2}{a}C_i^2 - \frac{P}{a_2}\log\Big[-\frac{1}{(a + a_2)P}$$

$$+ \frac{Aa_2}{(a + a_2)P}e^{\frac{(a + a_2)(apt + a_2 C_i^2)}{ap}}\Big] \tag{4.8}$$

其中，C_i^2 为常数，由等式 $I_i^1(B_i) = I_i^2(B_i)$ 确定。

阶段Ⅲ $T_i \leq t < U_i$：

$$I_i^3(t) = -\frac{A}{\alpha + \beta + \theta}e^{at} + \frac{P}{\beta + \theta} + e^{-(\beta + \theta)t}C_i^3 \tag{4.9}$$

其中，C_i^3 为常数，由等式 $I_i^2(T_i) = I_i^3(T_i)$ 确定。

阶段Ⅳ $U_i \leq t < S_{i+1}$：

$$I_i^4(t) = -\frac{A}{\alpha + \beta + \theta}e^{at} + e^{-(\beta + \theta)t}C_i^4 \tag{4.10}$$

其中，C_i^4 为常数，由等式 $I_i^3(U_i) = I_i^4(U_i)$ 确定；S_{i+1} 由等式 $I_i^4(S_{i+1}) = 0$ 确定。

基于基本数学模型，不同库存控制策略的差异主要体现在如何确定各周期内开始补货时刻点 B_i、停止补货时刻点 U_i。

4.3.2 (S, s) 连续性检查库存控制策略下的库存控制模型

(S, s) 连续性检查库存控制策略的基本思想是：对库存数量进行连续性检查，当库存数量降低到订货点 s 时，开始订货，订货后使最大库存保持不变，即为常量 S。如果检查时库存量为 I，则订货量为 $S - I$。(S, s) 库存控制策略的库存量变化特性如图 4.2 所示。

在 (s, S) 连续性检查库存控制策略下，开始补货时刻点 B_i 由等式 $I_i^1(B_i) = s$ 确定；停止补货时刻点 U_i 由等式 $I_i^3(U_i) = S$ 确定。

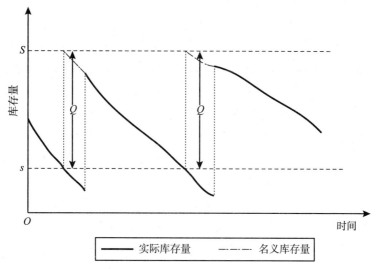

图 4.2　(S, s) 的库存量变化特性

资料来源：顾基发，朱敏. 库存控制管理 ［M］. 北京：煤炭工业出版社，1987.

4.3.3　(t, S) 周期性检查库存控制策略下的库存控制模型

(t, S) 周期性检查策略的基本思想是：对库存数量以周期 t 进行检查，并进行订货，订货后使最大库存保持不变，即为常量 S。如果检查时库存量为 I，则订货量为 $S - I$。(t, S) 库存控制策略的库存量变化特性如图 4.3 所示。

在 (t, S) 周期性检查库存控制策略下，由于检查时刻 t' 可能位于各周期内的不同阶段，参数 U_i、S_i 的确定可分为以下情况：

（1）当 $S_i < t' < B_i$ 时。开始补货时刻点 B_i 等于 t'，停止补货时刻点 U_i 由等式 $I_i^3(U_i) = S$ 确定。

（2）当 $U_i < t' < S_{i+1}$ 时。下一个周期直接从第三阶段开始，此时 $S_{i+1} = B_{i+1} = T_{i+1} = t'$。由于初始库存水平不一，常数 C_i^3 需

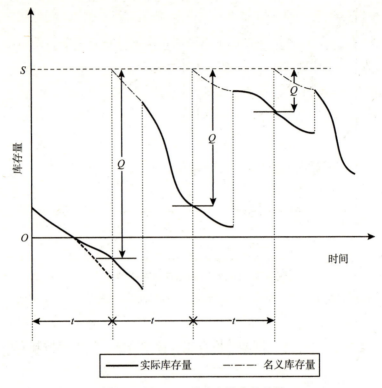

图 4.3 (t, S) 的库存量变化特性

资料来源：王晓莉，胡劲松，张贞齐. (T, S) 策略下含模糊需求及缺陷率的安全库存 [J]. 工业工程, 2008, 11 (6): 43 – 46.

重新由等式 $I_i^4(t') = I_{i+1}^3(t')$ 确定。停止补货时刻点 U_{i+1} 由等式 $I_{i+1}^3(U_{i+1}) = S$ 确定。

4.3.4 (t, s, S) 库存控制策略下的库存控制模型

(t, s, S) 库存控制策略是 (s, S) 策略和 (t, S) 策略的综合。该策略的基本思想是：对库存数量以周期 t 进行检查，若库存高于订货点 s，则不订货；否则，进行订货，订货后使最大

库存保持不变，即为常量 S。如果检查时库存量为 I，则订货量
为 $S-I$。(t, s, S) 库存控制策略属于周期性检查策略，即每隔
t 检查，并加以控制。这种控制策略的库存量变化如图 4.4 所示。
每隔周期 t 检查库存水平，如库存量高于 s 点，不必采取措施。
如库存量低于或等于 s 点，则发出订货单，使名义库存量恢复到
S 点。(t, s, S) 策略与 (S, s) 策略的不同，仅在于周期 t 检
查。(t, s, S) 策略的管理工作量可以大大减少。

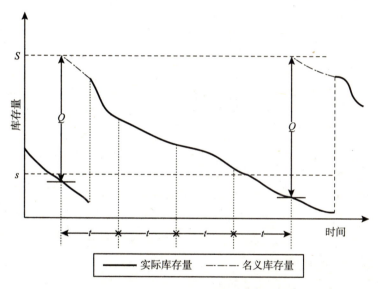

图 4.4　(t, s, S) 库存控制策略

资料来源：顾基发，朱敏. 库存控制管理［M］. 北京：煤炭工业出版社，1987.

　　(t, s, S) 库存控制策略与 (t, S) 周期性检查策略的差异
是：不论库存数量多少，(t, S) 策略在检查时刻直接补货；若
库存低于订货点 s，(t, s, S) 库存控制策略将不进行补货。因
此，(t, s, S) 库存控制策略下开始补货时刻点 U_i 和停止补货

时刻点 S_i 的计算方法与 (t, S) 周期性检查策略类似。

综上所述,库存系统的各项成本如下:

保管成本:

$$C_H = C_2 \sum_{i=1}^{n} \left(\int_{T_i}^{U_i} I_i^3(t) \, \mathrm{d}t + \int_{U_i}^{S_{i+1}} I_i^4(t) \, \mathrm{d}t \right) \qquad (4.11)$$

缺货成本:

$$C_s = C_3 \sum_{i=1}^{n} \left(\int_{S_i}^{B_i} I_i^1(t) \, \mathrm{d}t + \int_{B_i}^{T_i} I_i^2(t) \, \mathrm{d}t \right) \qquad (4.12)$$

采购成本:

$$C_P = \sum_{i=1}^{n} \left[p e^{-\lambda B_i} (U_i - B_i) P + C_1 \right] \qquad (4.13)$$

变质成本:

$$C_D = \theta \sum_{i=1}^{n} \left(\int_{T_i}^{U_i} I_i^3(t) \, \mathrm{d}t + \int_{U_i}^{S_{i+1}} I_i^4(t) \, \mathrm{d}t \right) p e^{-\lambda B_i} \qquad (4.14)$$

丢单成本:

$$C_L = C_4 \sum_{i=1}^{n} \left[\int_{S_i}^{B_i} A e^{at} \left(1 - e^{-a_1(B_i - t) - a_2 \frac{|I_i(t)|}{P}} \right) \mathrm{d}t \right.$$
$$\left. + \int_{B_i}^{T_i} A e^{at} \left(1 - e^{-a_2 \frac{|I_i(t)|}{P}} \right) \mathrm{d}t \right] \qquad (4.15)$$

由式(4.11)~式(4.15),可得不同库存控制策略下库存系统的总成本。

(s, S) 连续性检查策略:

$$TC(s, S) = C_H + C_S + C_P + C_D + C_L^{'} \qquad (4.16)$$

(t, S) 周期性检查策略:

$$TC(t, S) = C_H + C_S + C_P + C_D + C_L \qquad (4.17)$$

(t, s, S) 库存控制策略:

$$TC(t, s, S) = C_H + C_S + C_P + C_D + C_L \qquad (4.18)$$

4.4　模型分析及数值仿真

　　鉴于计算的复杂性，解析求解十分困难，因此运用 Matlab 2007Ra 提供的遗传算法工具箱对数学模型进行数值仿真求解及分析。在仿真中，参考文献罗兵等（2005c）中的算例，设定 $D(t) = 30e^{0.02t}$，$P(t) = 1.3e^{-0.005t}$，$H = 2$，$P = 200$，$C_2 = 0.3$，$\theta = 0.03$，$\beta = 0.02$，$a_1 = 1.2$，$a_2 = 2.1$。本节分别讨论三类库存控制策略在不同的成本结构顾客敏感度下总成本的变化趋势，在此基础上，归纳不同库存控制策略的适用范围。

4.4.1　成本结构对库存控制策略的影响

　　本节着重从成本结构的角度讨论相关成本变化对各策略总成本的影响，在从成本角度研究库存控制策略适用范围的同时，也验证模型的正确性。根据不同的固定补货成本，(s, S) 策略、(t, S) 策略及 (t, s, S) 策略在单位缺货及丢单成本较高时（$C_3 = 15$，$C_4 = 20$）的总成本如表 4.1 所示，其变化趋势如图 4.5 所示；在单位缺货及丢单成本较低时（$C_3 = 1$，$C_4 = 2$）的总成本如表 4.2 所示，其变化趋势如图 4.6 所示。随着固定补货成本的增加，(s, S) 策略、(t, S) 策略及 (t, s, S) 策略的总成本均逐渐上升。当单位缺货和丢单成本较高时，(s, S) 策略的总成本低于 (t, S) 策略和 (t, s, S) 策略；(t, s, S) 策略的总成本低于 (t, S) 策略（如图 4.5 所示）。当单位缺货和丢单成本较低时，(t, s, S) 策略的总成本是最低的，(t, S) 策略次之，(s, S) 策略的总成本最高（如图 4.6 所示）。

表 4.1　　　固定补货成本对库存控制策略总成本的
影响（$C_3 = 15$，$C_4 = 20$）

补货成本	(s, S) 策略	(t, S) 策略	(t, s, S) 策略
5	121.749	228.4506	172.908
10	135.036	293.4645	232.2327
15	180.2897	331.5606	277.4971
20	183.7225	395.7724	280.8538
25	233.5408	407.9974	279.6144
30	242.7248	417.7838	331.6913
35	259.5172	470.9131	364.2714
40	286.1796	504.1368	374.4572
45	266.3713	515.9479	366.2314
50	334.1936	610.097	394.1208
55	359.8822	646.0315	442.0082

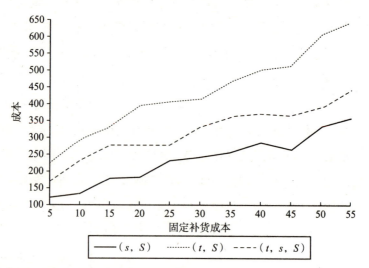

图 4.5　固定补货成本对库存控制策略总成本的影响（$C_3 = 15$，$C_4 = 20$）

表 4. 2　　　　固定补货成本对库存控制策略总成本的

影响（$C_3 = 1$，$C_4 = 2$）

补货成本	(s, S) 策略	(t, S) 策略	(t, s, S) 策略
5	110. 8287	114. 6649	113. 922
10	125. 919	119. 6406	118. 8894
15	134. 3162	124. 7134	123. 7201
20	148. 5773	129. 4951	128. 6475
25	164. 9751	133. 6717	133. 0039
30	176. 5505	139. 4466	139. 1073
35	199. 8456	143. 6717	143. 641
40	207. 164	149. 4466	148. 6477
45	198. 3287	155. 0048	153. 841
50	213. 2353	159. 8348	159. 3981
55	253. 1665	164. 5194	163. 725

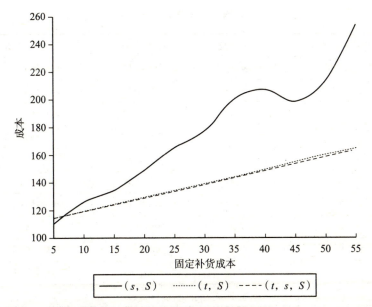

图 4.6　固定补货成本对库存控制策略总成本的影响（$C_3 = 1$，$C_4 = 2$）

在固定补货成本一定时（$C_1 = 25$），根据不同的单位缺货成本，三种库存控制策略的总成本如表4.3所示，其变化趋势如图4.7所示；根据不同的单位丢单成本，三种库存控制策略的总成本如表4.4所示，其变化趋势如图4.8所示。随着单位缺货和丢单成本增加，三种库存控制策略的总成本逐渐上升（如图4.7和图4.8所示）。但是，(s, S) 策略的总成本上升速度较平缓，(t, S) 策略及 (t, s, S) 策略的总成本上升速度较快。因此，当单位丢单成本和缺货成本较高时，(s, S) 策略的总成本小于 (t, S) 策略及 (t, s, S) 策略。同时，(t, s, S) 策略的总成本在单位丢单成本较高时低于 (t, S) 策略（如图4.8所示），因此 (t, s, S) 策略的总成本低于 (t, S) 策略。

表4.3　　单位缺货成本对库存控制策略总成本的
影响（$C_1 = 25$，$C_4 = 2$）

单位缺货成本	(s, S) 策略	(t, S) 策略	(t, s, S) 策略
1	164.9751	133.6717	133.0039
2	163.6266	149.6325	150.1938
3	163.6103	161.5163	164.9846
4	165.3361	175.6006	175.1885
5	166.5179	191.1054	176.7357
6	168.2004	204.4032	201.6668
7	161.3967	197.7586	211.2568
8	170.0722	196.1013	191.4352
9	185.4865	198.341	205.7655
10	163.5539	215.7661	195.9514
11	166.5729	214.6306	210.9155

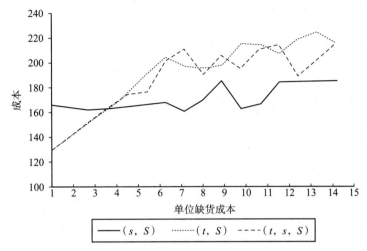

图 4.7　单位缺货成本对库存控制策略总成本的影响（$C_1 = 25$，$C_4 = 2$）

表 4.4　　　　　单位丢单成本对库存控制策略总成本的

影响（$C_1 = 25$，$C_3 = 1$）

单位丢单成本	(s, S) 策略	(t, S) 策略	(t, s, S) 策略
2	164.9751	133.6717	133.0039
4	172.8069	229.9742	226.1177
6	211.3786	323.382	242.0669
8	210.6088	293.7133	297.4985
10	210.4407	303.7896	292.9788
12	209.8711	359.109	297.0655
14	235.6436	326.2669	311.1673
16	210.4376	377.1977	286.7176
18	234.932	372.2697	313.644
20	233.3187	379.005	293.971

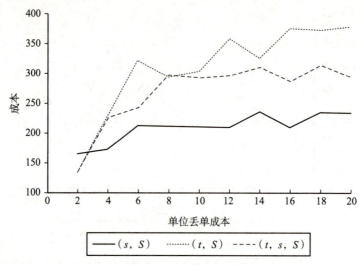

图 4.8 单位丢单成本对库存控制策略总成本的影响（$C_1 = 25$，$C_3 = 1$）

试验结果显示，单位缺货和丢单成本以及固定补货成本是影响 (s, S) 策略、(t, S) 策略、(t, s, S) 策略适用范围的主要成本因素。(s, S) 策略能够减少缺货发生的概率，较好控制缺货和丢单的数量，当单位缺货和丢单成本较高时，(s, S) 策略更合适。与 (t, S) 策略相比，(t, s, S) 策略增加了补货判断机制，有效控制补货次数，降低补货成本；与 (s, S) 策略相比，(t, s, S) 策略的周期性检查方法也有利于降低补货成本，当固定订货成本较高时，(t, s, S) 策略更适合。因此，在选择库存控制策略时，需要在补货成本、缺货成本和丢单成本之间进行综合平衡，以获取最佳的库存控制策略。

4.4.2 等待时间敏感度对库存控制策略的影响

本节着重从等待时间敏感度的角度区分不同策略的适用范

围。参数 a_1 代表顾客在决定是否等待时对下一次补货前等待时间的敏感程度。参数 a_1 越大说明缺货时顾客对等待时间的敏感度越强，在等待时间一定的条件下，部分短缺量拖后的数量越小，丢单数量越多。因此，适当提高补货频率，减少补货前的等待时间，是在等待时间敏感度较高时降低成本的措施之一。

在单位缺货和丢单成本较高时 （$C_3 = 15$，$C_4 = 20$），根据不同的等待时间敏感度 a_1，（s，S）策略、（t，S）策略及（t，s，S）策略的总成本如表 4.5 所示，随参数 a_1 的变化曲线如图 4.9 所示。（s，S）策略的总成本随着参数 a_1 上升逐渐下降，并且低于其他两类策略；（t，S）策略及（t，s，S）策略的总成本随着参数 a_1 变化的趋势不明显（在参数 a_1 较大时呈下降趋势），（t，s，S）策略的总成本低于（t，S）策略。

表 4.5　　　　参数 a_1 对库存控制策略总成本的影响

（$C_3 = 15$，$C_4 = 20$）

参数 a_1	（s，S）策略	（t，S）策略	（t，s，S）策略
0.5	211.301	400.1237	278.5564
0.6	210.1824	394.5126	310.6133
0.7	210.1824	403.7741	340.4157
0.8	209.4446	422.8743	292.0252
0.9	210.7058	491.3161	303.5892
1.0	209.5163	403.1537	287.9087
1.1	209.4446	408.1742	283.9413
1.2	209.4446	407.9974	279.6144
1.3	209.4446	407.9532	287.2657
1.4	209.3446	386.7957	295.1546
1.5	209.2446	397.7435	277.5862

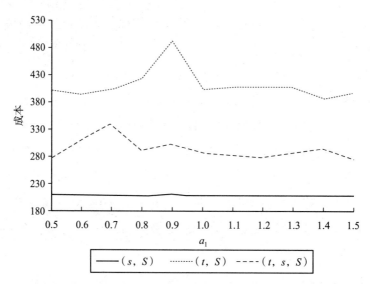

图 4.9　参数 a_1 对库存控制策略总成本的影响（$C_3 = 15$，$C_4 = 20$）

根据不同的等待时间敏感度 a_1，(s, S) 策略的订货点 s、(t, S) 策略及 (t, s, S) 策略的检查周期 t 如表4.6所示，其变化趋势如图4.10所示；各策略的丢单成本和缺货成本之和如表4.7所示，其变化趋势如图4.11所示。随参数 a_1 逐渐上升，(s, S) 策略下订货点 s 逐渐升高，在降低缺货数量的同时，增加了补货的频率，减少下次补货前的等待时间。所以，(s, S) 策略能够降低参数 a_1 上升的影响，减少丢单和缺货的数量，平衡缺货和丢单成本（如图4.11所示）；(t, S) 策略及 (t, s, S) 策略下检查周期 t 逐渐缩短，能够减少下次补货前的等待时间，在一定程度上降低缺货和丢单成本（如图4.11所示）。但是，由于补货成本和丢单成本较高，(s, S) 策略的缺货和丢单成本都远低于 (t, S) 策略和 (t, s, S) 策略（如图4.11所示），因此，(s, S) 策略的总成本还是低于 (t, S) 策略和 $(t,

s, S）策略。

表 4.6　　　参数 a_1 对库存控制策略相关参数的影响

参数 a_1	（s, S）策略的 s	（t, S）策略的 t	（t, s, S）策略的 t
0.5	− 0.02227	0.246976	0.024976
0.6	− 0.00701	0.239468	0.023863
0.7	− 0.00701	0.215445	0.023669
0.8	− 0.00556	0.170506	0.021677
0.9	− 0.00586	0.172849	0.021215
1.0	− 0.00575	0.17606	0.019149
1.1	− 0.00556	0.186427	0.019848
1.2	− 0.00556	0.1871	0.0202
1.3	− 0.00556	0.156721	0.023393
1.4	− 0.00556	0.129775	0.019155
1.5	− 0.00556	0.110531	0.011544

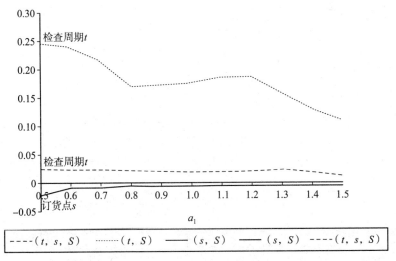

图 4.10　参数 a_1 对库存控制策略相关参数的影响

表4.7　　　　　　　各策略下丢单成本和缺货成本之和的变化趋势

参数 a_1	(s, S) 策略的 s	(t, S) 策略的 t	(t, s, S) 策略的 t
0.5	2.864407	167.5684	45.43025
0.6	0.827171	162.4672	83.68098
0.7	0.827171	146.5402	48.03004
0.8	0.656445	116.6925	42.9895
0.9	2.193622	84.69614	52.6338
1.0	0.560754	120.1615	38.2584
1.1	0.656445	126.8939	27.10135
1.2	0.656445	127.2184	44.6226
1.3	0.656445	107.3194	52.6441
1.4	0.656445	154.7993	28.0137
1.5	0.656445	142.1622	23.7467

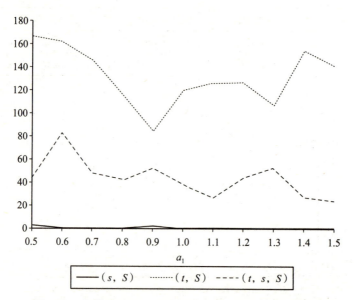

图4.11　各策略下丢单成本和缺货成本之和的变化趋势

在单位缺货和丢单成本较低时（ $C_3 = 1$ ， $C_4 = 2$ ），根据不同的等待时间敏感度 a_1 ，(s, S) 策略、(t, S) 策略及 (t, s, S)

策略的总成本如表 4.8 所示，随参数 a_1 的变化曲线如图 4.12 所示。(t, S) 策略及 (t, s, S) 策略的总成本随着参数 a_1 的上升逐渐上升。(s, S) 策略的总成本随着参数 a_1 的上升逐渐下降，(s, S) 策略和 (t, s, S) 策略的运作成本低于 (s, S) 策略。

表 4.8　　　参数 a_1 对库存控制策略成本的影响（$C_3 = 1$，$C_4 = 2$）

参数 a_1	(s, S) 策略	(t, S) 策略	(t, s, S) 策略
0.5	171.9318	118.6277	118.6717
0.6	164.476	121.6329	121.6961
0.7	162.3804	124.3435	124.4047
0.8	163.8559	126.6737	126.6584
0.9	163.409	128.7292	128.7529
1.0	163.573	130.5926	130.6047
1.1	163.1556	132.4207	132.2989
1.2	164.9751	133.6589	133.6488
1.3	161.8311	135.0665	134.9439
1.4	162.3406	136.098	136.1158
1.5	162.551	137.0969	137.0947

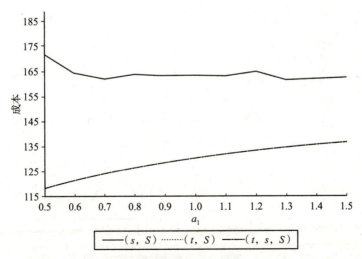

图 4.12　参数 a_1 对库存控制策略成本的影响（$C_3 = 1$，$C_4 = 2$）

参数 a_1 对（s，S）策略订货点 s 的影响如图4.13所示。（s，S）策略下订货点 s 逐渐升高，增加了补货的频率，缩短了补货的等待时间，从而抵消等待时间敏感性上升的影响，（s，S）策略下缺货和丢单成本之和逐渐下降（如图4.14所示），因此，（s，

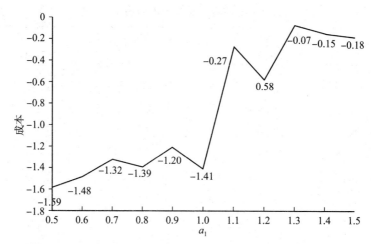

图4.13　参数 a_1 对订（s，S）策略订货点 s 的影响

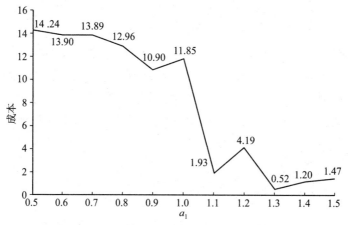

图4.14　（s，S）策略的丢单成本和缺货成本之和变化趋势

S）策略的总成本呈现下降趋势。对于（t, S）策略及（t, s, S）策略，等待时间敏感性上升的影响是主要的，（t, S）策略及（t, s, S）策略的缺货和丢单成本之和都逐渐上升（如图 4.15和图 4.16 所示），因此，（t, S）策略及（t, s, S）策略的总成本呈现缓慢上升趋势。

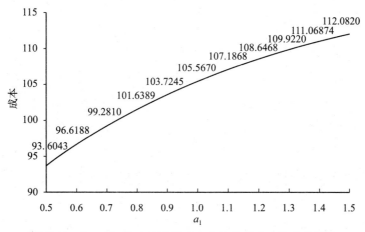

图 4.15　（t, S）策略的丢单成本和缺货成本之和变化趋势

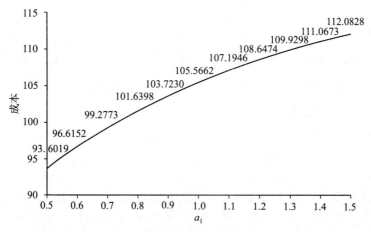

图 4.16　（t, s, S）策略的丢单成本和缺货成本之和变化趋势

试验说明，在单位缺货和丢单成本较高时，由于 (s, S) 策略能够较好控制缺货和丢单成本，(s, S) 策略更适用，同时随着顾客对等待时间敏感度的增加，应该适当提高 (s, S) 策略的订货点 s，以降低该策略的运作成本；在单位缺货和丢单成本较低时，(t, S) 策略及 (t, s, S) 策略能够较好控制补货成本，因此 (t, S) 策略及 (t, s, S) 策略更适用，同时随着顾客对等待时间敏感度的增加，应该适当缩短 (t, S) 策略及 (t, s, S) 策略的检查周期，以优化库存策略。此外，试验也说明，成本结构因素能够较好地区分 (s, S) 策略的适用范围，而根据顾客对时间的敏感度无法明确区分 (t, S) 策略及 (t, s, S) 策略的适用范围。

4.4.3 缺货数量敏感度对库存控制策略的影响

本节着重从缺货数量敏感度的角度区分不同策略的适用范围。参数 a_2 代表着顾客在决定是否等待时对缺货数量的敏感程度。参数 a_2 越大说明缺货时顾客对缺货数量的敏感度越强，在缺货数量一定的条件下，部分短缺量拖后的数量越少，丢单的数量越多。因此，减少缺货数量，是在缺货数量敏感度较高时降低成本的根本措施。

在单位缺货和丢单成本较高时（$C_3 = 15$，$C_4 = 20$），根据不同的缺货数量敏感度 a_2，(s, S) 策略、(t, S) 策略及 (t, s, S) 策略的总成本如表 4.9 所示，其变化趋势如图 4.17 所示。随着参数 a_2 的增加，(t, S) 策略的总成本的变化趋势不明显，(s, S) 策略的总成本缓慢下降，而 (t, s, S) 库存控制策略的总成本呈现明显的下降趋势。

表4.9　参数 a_2 对库存控制策略总成本的影响（$C_3 = 15$，$C_4 = 20$）

参数 a_2	（s，S）策略	（t，S）策略	（t，s，S）策略
1.5	235.8503	390.7268	377.8051
1.6	209.7281	393.495	386.0694
1.7	212.9208	394.5514	344.9894
1.8	209.7134	392.2721	303.2256
1.9	210.4782	390.9512	329.336
2.0	210.1454	399.7342	310.0018
2.1	209.5802	397.8459	286.3743
2.2	211.9081	398.6309	301.7647
2.3	211.0651	404.6149	304.5678
2.4	209.4098	399.8861	284.7953
2.5	209.8446	400.5107	282.4279

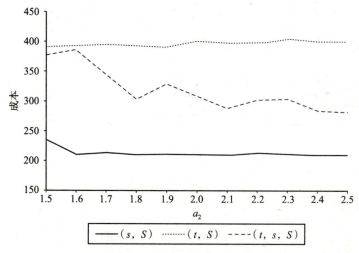

图4.17　参数 a_2 对库存控制策略总成本的影响（$C_3 = 15$，$C_4 = 20$）

根据不同的缺货数量敏感度 a_2，（s，S）策略和（t，s，S）策略下订货点 s 如表4.10所示，其变化趋势如图4.18和图4.19所示，不同策略丢单成本和缺货成本之和如表4.11所示。随着参数 a_2 逐渐上升，（s，S）策略和（t，s，S）策略下订货点 s 逐渐升高，降低了缺货数量。所以，(s, S) 策略和 (t, s, S) 策略能够降低参数 a_2 上升的影响，减少丢单和缺货的数量。不同于 (s, S) 策略和 (t, s, S) 策略，(t, S) 策略没有设置订货点，因此 (t, S) 策略下缺货数量较大，丢单成本和缺货成本较高（如图 4.20 所示），所以 (t, S) 策略的成本较高。

表 4.10　　　　参数 a_2 对库存控制策略相关参数的影响

参数 a_2	(t, S) 策略的 s	(t, s, S) 策略的 s
1.5	− 0.020023	− 0.10371
1.6	− 0.010125	− 0.11811
1.7	− 0.01692	− 0.10136
1.8	− 0.012115	− 0.1168
1.9	− 0.012754	− 0.11815
2.0	− 0.009612	− 0.15673
2.1	− 0.01063	− 0.10209
2.2	− 0.015323	− 0.05106
2.3	− 0.011334	− 0.05
2.4	− 0.010384	− 0.06235
2.5	− 0.008432	− 0.03859

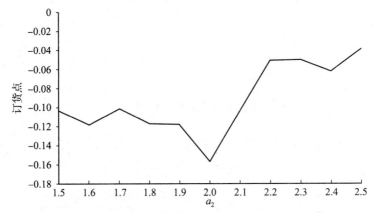

图 4.18　(t, s, S) 策略的订货点随参数的变化趋势

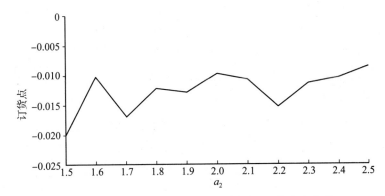

图 4.19 (s, S) 策略的订货点随参数 a_2 的变化趋势

表 4.11 各策略下丢单成本和缺货成本之和变化趋势

参数 a_2	(s, S) 策略	(t, S) 策略	(t, s, S) 策略
1.5	12.36221613	2.836142756	159.16087
1.6	24.52894369	1.19475568	162.924
1.7	82.09538088	4.358699048	137.5414
1.8	31.39945875	0.249503616	134.52019
1.9	50.67887905	1.50518553	159.743
2.0	92.85481609	1.134261948	143.91359
2.1	57.41432217	0.073811492	141.92377
2.2	30.07953041	2.989132455	143.05646
2.3	32.53619618	1.337548491	147.05945
2.4	64.03527391	0.045336384	144.08122
2.5	59.57035931	0.266307392	144.3829

在单位缺货和丢单成本较小时（$C_3 = 1$，$C_4 = 2$），根据不同的缺货数量敏感度 a_2，(s, S) 策略、(t, S) 策略及 (t, s, S) 策略的总成本如表 4.12 所示，其变化趋势如图 4.21 和图 4.22

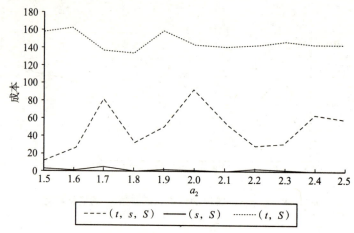

图 4.20 各策略下丢单成本和缺货成本之和变化趋势

所示。随着参数 a_2 的增大，(s, S) 策略的总成本缓慢下降，(t, S) 策略和 (t, s, S) 策略的总成本随参数 a_2 的变化逐渐增加。当参数 a_2 较小时，(t, s, S) 策略的总成本高于 (t, S) 策略，当参数 a_2 较大时，(t, s, S) 策略的总成本低于 (t, S) 策略。

表 4.12   参数 a_2 对 (s, S) 策略总成本的影响（$C_3 = 1$，$C_4 = 2$）

参数 a_2	(s, S) 策略	(t, S) 策略	(t, s, S) 策略
1.5	185.0382	133.4337	133.4443
1.6	164.8647	133.4497	133.4697
1.7	178.7566	133.5033	133.5215
1.8	161.4644	133.5617	133.5955
1.9	161.7542	133.6267	133.6056
2.0	159.3191	133.7308	133.6792
2.1	162.2667	133.6889	133.6488

续表

参数 a_2	(s, S) 策略	(t, S) 策略	(t, s, S) 策略
2.2	164.3605	133.8174	133.7172
2.3	161.5821	133.757	133.7417
2.4	167.9317	133.8801	133.8289
2.5	163.2638	133.9354	133.8983

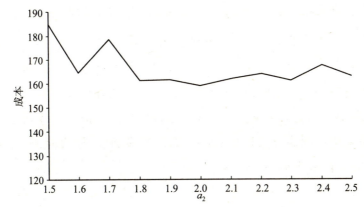

图 4.21　参数 a_2 对 (s, S) 策略总成本的影响（$C_3 = 1$，$C_4 = 2$）

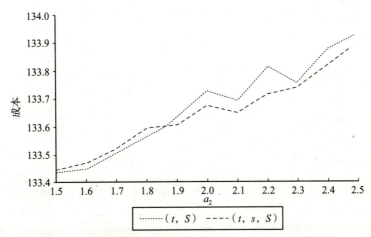

图 4.22　参数 a_2 对 (t, S) 和 (t, s, S) 策略总成本的

影响（$C_3 = 1$，$C_4 = 2$）

　　根据不同的缺货数量敏感度 a_2，(t, S) 策略和 (t, s, S) 策略的检查周期 t 变化趋势如图 4.23 所示。(t, S) 策略下检查周期 t 随着参数 a_2 的增大迅速下降，(t, s, S) 策略下检查周期 t 随参数 a_2 的增加缓慢下降。当参数 a_2 较小时，(t, S) 策略的检查周期与 (t, s, S) 策略差异较小，但是 (t, S) 策略在每个检查时刻点都进行补货，因此 (t, S) 策略的补货频率较 (t, s, S) 策略快，(t, S) 策略下顾客的平均等待时间更短，缺货及丢单成本更低，(t, S) 策略的运作成本低于 (t, s, S) 策略。但是，当参数 a_2 较大时，顾客对缺货数量更敏感，降低缺货数量能够有效降低丢单和缺货数量，从而降低总成本。(t, s, S) 策略下订货点 s 随着 a_2 的增大迅速上升（如图 4.24 所示），能够实现控制缺货数量的目的，因此当参数 a_2 较大时，(t, s, S) 策略的成本低于 (t, S) 策略。

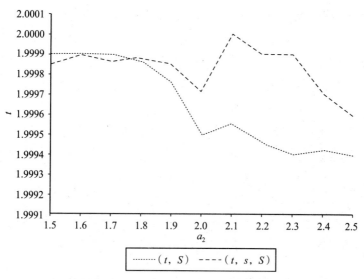

图 4.23　(t, S) 和 (t, s, S) 策略下检查周期 t 的变化趋势

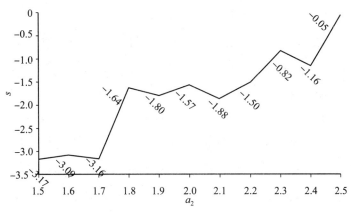

图 4.24　(t, s, S) 策略订货点 s 的变化趋势

　　试验显示，在单位缺货和丢单成本较高时，(s, S) 策略优于其他两类策略，同时随着顾客对缺货数量敏感度的增加，适当提高 (s, S) 策略的订货点 s，有利于降低总成本；在单位缺货和丢单成本较低时，由于 (t, S) 策略及 (t, s, S) 策略能够较好控制补货成本，(t, s, S) 策略和 (t, S) 策略优于 (s, S) 策略，如果顾客对缺货数量的敏感度较低，(t, S) 策略优于 (t, s, S) 策略，如果顾客对缺货数量的敏感度较高，(t, s, S) 策略优于 (t, S) 策略。试验再次说明，成本结构因素能够较好地区分 (s, S) 策略的适用范围，同时根据顾客对缺货数量的敏感度能够区分 (t, S) 策略及 (t, s, S) 策略的适用范围。

4.5　本 章 小 结

　　存在部分短缺量拖后的库存系统中，顾客在决定是否等待时对缺货数量和等待时间有不同的敏感度，也就影响着部分短缺量拖后率的大小。库存系统的平均缺货数量和等待时间在不同的库存控制策略下存在较大差异。因此，根据顾客敏感度的差异，不同的库存控制策略有不同的适用范围。基于建立的边补货边需求 EOQ 模型，本章研究了成本结构和顾客敏感度对不同库存控制策略运营成本的影响，明确了各策略的适用范围，主要结论如下：(s, S) 连续性检查策略适用于单位缺货和丢单成本较高的库存系统；(t, S) 周期性检查策略和 (t, s, S) 库存控制策略适用于单位缺货和丢单成本较低的库存系统；在单位缺货和丢单成本较低的库存系统中，当顾客对缺货数量较敏感时，(t, s, S) 库存控制策略的运作成本更低，否则 (t, S) 周期性检查策略更适用，而等待时间敏感度对库存控制策略适用范围的影响不明显。在服装、快速消费品、电脑器件等行业，缺货时顾客对等待时间和缺货数量的敏感程度存在明显的差异，企业可以据此最优化库存控制策略，在合理配置服务水平的同时，降低总成本。

第 5 章

部分短缺量拖后下提前期压缩和价格折扣联合优化研究

本章主要从提前期压缩和价格折扣的角度研究如何在库存决策中充分利用部分短缺量拖后现象，达到积极挽留顾客、避免缺货导致顾客流失、降低成本的目的。顾客在缺货时会根据等待时间、价格折扣等因素决定是否等待。基于此，本章提出了与等待时间和价格折扣相关的部分短缺量拖后率影响方式，建立了可控提前期下考虑部分短缺量拖后率随等待时间和价格折扣变化的库存控制模型，研究了库存控制策略、提前期压缩策略和价格折扣策略的联合优化问题，然后分析了提前期决策对总成本、订货批量决策和价格折扣决策的影响。

5.1 问题的提出

在新经济时代，越来越多的消费者变得对时间十分敏感，对产品与服务响应时间的要求越来越高（谢金星和王森，2008），制造业的竞争逐渐从价格、质量、成本、服务等方面转向基于时间的竞争（达庆利和张钦，2005；梅晚霞和马士华，2007）。为了快速响应客户需求，企业在进行库存控制时不仅应重视与数量相关的批量决策，还应重视与时间相关的提前期决策，而信息技术和制造服务业的发展为企业控制提前期提供了支撑（Liang et al.，2008；刘蕾等，2007）。同时，提前期的长短直接决定了补货耗费的时间，而顾客在缺货时往往会根据等待时间的长短决定是否等待下次补货，等待的时间越短，顾客愿意等待的可能性就越大，短缺量拖后的数量也就越多（Dye and Ouyang，2005）。因此，可控提前期下的库存控制还需要考虑部分短缺量拖后的影响（Ouyang et al.，1996）。

1991 年，Liao 和 Shyu 首先对可控提前期的库存控制模型进行了研究（Liao and Shyu，1991）。而可控提前期下考虑部分短缺量拖后的库存控制模型的研究始于 1996 年（Ouyang et al.，1996），后来的研究从影响部分短缺量拖后率的因素，例如，等待时间（Zequeira et al.，2005）、缺货数量（Ouyang and Chuang，2001）、价格折扣（Pan and Hsiao，2001）或者同时考虑缺货数量和价格折扣（Lee et al.，2007；黄波等，2007），对模型进行了扩展。Ouyang 等（1996）认为提前期决策直接决定了缺货时顾客的等待时间，会影响部分短缺量拖后率的大小，基于此，建立了可控提前期下考虑固定短缺量拖后率的库存控制模型。但是固定部分短缺量拖后率并不能刻画等待时间和缺货数量等因素对顾客决策的影响，缺货数量越多、等待时间越长，愿意等待下次补货的顾客就越少，部分短缺量拖后率也就会越小（Dye and Ouyang，2005；Liang et al.，2008）。因此在 Ouyang 等（1996）的基础上，Zequeira 等（2005）考虑了等待时间，Ouyang 和

Chuang（2001）考虑了缺货数量对部分短缺量拖后率的影响，建立了可控提前期下部分短缺量拖后率随等待时间或缺货数量时变的库存控制模型。除了等待时间和缺货数量外，零售商还可以为缺货商品提供价格折扣以挽留顾客，从而扩大部分短缺量拖后率。基于此，Pan 和 Hsiao（2001）在 Ouyang 等（1996）的基础上，建立了可控提前期下部分短缺量拖后率随价格折扣时变的库存控制模型，讨论了订货批量、提前期、订货点和价格折扣的联合优化问题。但是，Pan 和 Hsiao（2001）没有考虑到缺货数量和等待时间对部分短缺量拖后率的影响。后来 Lee 等（2007）和黄波等（2007）综合了 Zequeira 等（2005）、Ouyang 和 Chuang（2001）与 Pan 和 Hsiao（2001）研究，同时考虑了缺货数量和价格折扣对部分短缺量拖后率的影响。在新的市场环境下，顾客对需求获得满足的时间都越来越敏感，等待时间对缺货时顾客决策的影响越来越大。提前期长短直接决定了缺货时顾客的等待时间，可控提前期下等待时间对部分短缺量拖后率的影响较缺货数量更直接（Zequeira et al.，2005）。这要求企业更加重视提前期决策以控制顾客等待时间。同时，价格折扣也是企业挽留顾客的重要手段之一（Pan and Hsiao，2001）。因此，企业需要综合考虑等待时间和价格折扣对部分短缺量拖后率的影响，统筹提前期和价格折扣决策，以挽留顾客、降低成本。然而，目前还缺乏对可控提前期下同时考虑等待时间和价格折扣影响部分短缺量拖后率的库存模型的研究。

　　基于此，本章提出受等待时间和价格折扣影响的时变部分短缺量拖后率，在此基础上建立可控提前期下同时考虑部分短缺量拖后率随等待时间和价格折扣时变的库存控制模型，并对模型的最优解进行求解和证明，然后分析提前期决策对总成本、价格折扣、订货批量等变量的影响，最后结合实际算例验证相关结论。

5.2 问题描述及假设

为了提高对客户需求的响应速度、防止客户流失，一方面，企业可以借助日益完善的信息技术和制造服务，压缩提前期，减少缺货时顾客的等待时间，提高部分短缺量拖后率，例如可以通过选择更快的运输方式以缩短货物的运输时间；另一方面，企业也可以通过为缺货的商品提供价格折扣，挽留客户，提高部分短缺量拖后率。虽然压缩提前期和提供价格折扣能够达到降低缺货成本、防止客户流失的目的，但是这些措施都是有成本的。因此，企业需要对提前期压缩、价格折扣以及库存策略进行综合考虑和联合优化。基于此，本章提出以下假设：

假设 1 提前期是可以压缩的。顾客需求率是符合参数 λ 的泊松分布（Zequeira et al.，2005）。

假设 2 库存系统实现 (r, Q) 连续性检查策略，当库存水平低于订货点 r 时，则发出订货批量为 Q 的订单。

假设 3 提前期 L 由 n 个相互独立的部分构成。第 i 个部分在正常情况下耗费的时间是 b_i，耗费的最短时间是 a_i。第 i 个部分压缩单位时间所需要的费用 c_i。为了保证压缩费用函数的单调性，提前期 L 的 n 个部分按照费用 c_i 的升序排列，即 $c_1 \leqslant c_2 \leqslant \cdots \leqslant c_n$（刘蕾等，2007）。

假设 4 缺货时存在部分短缺量拖后，部分短缺量拖后率 β 与价格折扣 π_x 成正比例关系（Pan and Hsiao，2001），与缺货时的等待时间成反比关系（Zequeira et al.，2005）。缺货发生后，t 时刻的部分短缺量拖后率是：

$$\beta(t) = \beta_0(t)\frac{\pi_x}{\pi_0} \tag{5.1}$$

$$\beta_0(t) = \frac{1}{1 + a(L - t)}, \ Z \leqslant t < L \tag{5.2}$$

其中，Z 代表从发出订单到库存下降为 0 的时间，β_0 代表部分短缺量拖后率的最大值。

假设 5　$L_0 = \sum_{j=1}^{n} b_j$ 表示初始的提前期长度。L_i 表示组成部分 1，2，3，$\cdots$，i 都缩减到最短时间时提前期的长度，则：

$$L_i = \sum_{j=1}^{i} a_j + \sum_{j=i+1}^{n} b_j = L_0 - \sum_{j=1}^{i}(b_j - a_j) \tag{5.3}$$

故 L_i 是单调递减的，即 $L_0 > L_1 > \cdots > L_n$。因此，压缩提前期而产生的费用为（刘蕾等，2007）：

$$R(L) = c_i(L_{i-1} - L) + \sum_{j=1}^{i-1} c_i(b_j - a_j)，\ L \in [L_i，L_{i-1}) \tag{5.4}$$

此外，对相关数学符号及含义，作以下说明：

A 表示固定订货成本。

D 表示每年平均需求量。

h 表示单位商品的年平均持有成本。

L 表示提前期。

Q 表示订货批量。

r 表示订货点。

λ 表示平均每天的需求率。

π_0 表示商品的价格。

5.3 基本数学模型

根据假设 1，提前期内，顾客的需求可以视为泊松过程。根据泊松过程的性质，相邻两次顾客需求产生的时间间隔是服从均值 $1/\lambda$ 的指数分布。根据假设 2，从发出订单到库存水平下降为 0 的时间长度可以视为第 r 个需求发生的时间，即 r 个顾客需求产生时间间隔的叠加。因此，从发出订单到库存水平下降为 0 的时间长度 Z 是服从参数为 r 和 λ 的伽玛分布（Ross，1996）。

由上可得，当 Z 确定时，部分短缺量拖后数量 $U(t, Z)$ 随时间变化的趋势可以用式（5.5）描述。

$$\frac{\mathrm{d}U(t, Z)}{\mathrm{d}t} = \lambda \frac{\pi_x}{\pi_0} \frac{1}{1 + a(L - t)}, \ Z \leqslant t < L; \ a \geqslant 0 \quad (5.5)$$

对式（5.5）求解可得：

$$U(L, Z) = \int_Z^L \lambda \frac{\pi_x}{\pi_0} \frac{1}{1 + a(L - t)} \mathrm{d}t , \ Z \leqslant t < L; \ a \geqslant 0 \quad (5.6)$$

$$= \frac{\lambda \pi_x}{a \pi_0} \ln[1 + a(L - Z)]$$

由于从发出订单到库存水平下降为 0 的时间长度 Z 是服从参数为 r 和 λ 的伽玛分布，其密度函数用 $g(z, r)$ 表示。因此，订货周期内期望的部分短缺量拖后数量 $U(r, L)$ 如下：

$$U(r, L) = \int_o^L U(t, Z) g(z, r) \mathrm{d}z$$

$$= \int_o^L \frac{\lambda \pi_x}{a \pi_0} \ln(1 + a(L - z)) g(z, r) \mathrm{d}z , \ a > 0$$

$$(5.7)$$

由式（5.7）可得，在单个订货周期内，当缺货发生时，由于向拖后短缺量提供价格折扣而带来的部分短缺量拖后成本是：

$$\pi_x U(r,\ L) \tag{5.8}$$

在提前期内，期望的缺货数量 $S(r,\ L)$ 可表示如下：

$$S(r,\ L) = \lambda \int_o^L (L-z) g(z,\ r) \mathrm{d}z \tag{5.9}$$

根据式（5.7）和式（5.9），在单个周期内，期望的丢单数量是：

$$S(r,\ L) - U(r,\ L) \tag{5.10}$$

期望的丢单成本可以表示是：

$$\pi_0 [S(r,\ L) - U(r,\ L)] \tag{5.11}$$

在考察期内，平均库存水平可以表示为 $\dfrac{Q}{2} + r - \lambda L + S(r,\ L) - U(r,\ L)$（Zequeira et al.，2005），因此库存持有成本为 $h\left[\dfrac{Q}{2} + r - \lambda L + S(r,\ L) - U(r,\ L) \right]$。订货成本可以表示为 AD/Q。

综上所述，考察期内，期望的总成本包括订货成本、持有成本、丢单成本、拖后成本和提前期压缩成本。期望的总成本如下：

$$
\begin{aligned}
EAC(Q,\ r,\ \pi_x,\ L) = {} & \frac{AD}{Q} + h\left[\frac{Q}{2} + r - \lambda L + S(r,\ L) - U(r,\ L) \right] \\
& + \frac{D\pi_0 [S(r,\ L) - U(r,\ L)]}{Q} \\
& + \frac{D\pi_x U(r,\ L)}{Q} + \frac{D}{Q} R(L)
\end{aligned}
$$

$$\tag{5.12}$$

其中，第一项表示考察期内期望的订货成本，第二项表示考察期内期望的持有成本，第三项表示考察期内期望的丢单成本，第四项表示考察期内期望的拖后成本，第五项表示考察期内期望的提前期压缩成本。

5.4　模型求解及分析

5.4.1　模型求解

本节首先讨论期望总成本函数 $EAC(Q, r, \pi_x, L)$ 的特性。然后基于函数的特性构建寻找最优订货批量 Q、最优订货点 r、最优价格折扣 π_x 和最优提前期 L 的算法，以使期望总成本最低，即：

$$\min_{\substack{Q, r>0, L\in[L_n, L_0] \\ \pi_0 \geqslant \pi_x \geqslant 0}} EAC(Q, r, \pi_x, L) \qquad (5.13)$$

命题 1：对于给定的 $r>0$ 和 $L\in[L_n, L_0]$，驻点 (Q^*, π_x^*) 是使期望总成本 $EAC(Q, r, \pi_x, L)$ 最小的最优订货批量和价格折扣。

证明：对函数 $EAC(Q, r, \pi_x, L)$ 分别作关于订货批量 Q 和最优价格折扣 π_x 的一阶偏导数，可得：

$$\frac{\partial EAC(Q, r, \pi_x, L)}{\partial Q} = \frac{1}{2Q^2}\big[-2AD + hQ^2 - 2D(R(L)$$
$$+ \pi_0 S(r, L) + (\pi_x - \pi_0)U(r, L))\big]$$

$$\qquad (5.14)$$

$$\frac{\partial EAC(Q, r, \pi_x, L)}{\partial \pi_x} = \frac{1}{Q}\Big[DU(r, L)$$
$$- (\pi_0 D + hQ - D\pi_x)\frac{\partial U(r, L)}{\partial \pi_x}\Big]$$

$$\qquad (5.15)$$

给定订货点 r 和提前期 L，令式（5.14）~式（5.15）为零，可以得到函数 $EAC(Q, r, \pi_x, L)$ 的驻点 (Q^*, π_x^*)。

函数 $EAC(Q, r, \pi_x, L)$ 在驻点 (Q^*, π_x^*) 处的一阶海塞矩阵：

$$|H_{11}| = \frac{\partial^2 EAC(Q, r, \pi_x, L)}{\partial Q^2}\bigg|_{Q=Q^*, \pi_x=\pi_x^*} = \frac{h}{Q^*} > 0 \quad (5.16)$$

函数 $EAC(Q, r, \pi_x, L)$ 在驻点 (Q^*, π_x^*) 处的二阶海塞矩阵：

$$|H_{22}| = \frac{\partial^2 EAC(Q, r, \pi_x, L)}{\partial Q^2} \frac{\partial^2 EAC(Q, r, \pi_x, L)}{\partial \pi_x^2}$$
$$- \frac{\partial^2 EAC(Q, r, \pi_x, L)}{\partial Q \partial \pi_x}^2 \bigg|_{Q=Q^*, \pi_x=\pi_x^*} \quad (5.17)$$

$$|H_{22}| = \frac{h}{Q^2} \frac{\partial U(r, L)}{\partial \pi_x} \left(2D - \frac{\partial U(r, L)}{\partial \pi_x} h \right)$$
$$= 2D \frac{h}{Q^2} \frac{\partial U(r, L)}{\partial \pi_x} \left(1 - \frac{hU(r, L)}{\pi_0 D + hQ} \right)\bigg|_{Q=Q^*, \pi_x=\pi_x^*} \quad (5.18)$$

订货周期内短缺量拖后数量是小于经济订货批量的，即 $U(r, L) < Q$，$U(r, L)/Q < 1$，故 $hU(r, L)/(\pi_0 D + hQ^*) < 1$，即 $|H_{22}| > 0$。

由 $|H_{11}| > 0$ 和 $|H_{22}| > 0$ 可得，给定订货点 r 和提前期 L，驻点 (Q^*, π_x^*) 是使期望总成本函数 $EAC(Q, r, \pi_x, L)$ 最小的最优订货批量和价格折扣。

令式（5.14）和式（5.15）为零，求解驻点 (Q^*, π_x^*) 可得：

$$Q^* = \left[\frac{1}{h} \left(2AD + 2D(R(L) + \pi_0 S(r, L) + (\pi_x^* - \pi_0) U(r, L)) \right) \right]^{1/2}$$

$$(5.19)$$

$$\pi_x^* = \frac{1}{D}\left(\pi_0 D + hQ^* - \frac{DU(L,\ Z)}{\partial U(r,\ L)/\partial \pi_x}\right) = \frac{1}{2}\left(\pi_0 + \frac{hQ^*}{D}\right)$$

$$(5.20)$$

命题 1 说明，给定 r 和 L，驻点（Q^*，π_x^*）即为期望总成本最小时最优的订货批量和价格折扣；由式（5.20）可知，π_x^* 是关于 Q^* 的函数，最优价格折扣 π_x^* 仅仅与最优订货批量相关，价格折扣决策直接受订货批量决策影响；将式（5.20）带入式（5.19）消去 π_x^* 可知，除了外生变量外，最优订货批量 Q^* 与订货点 r 和提前期 L 相关，订货批量决策直接受订货点和提前期决策影响。根据命题 1，期望总成本函数可以由四元函数 $EAC(Q$，r，π_x，L）简化为二元函数 $EAC'(r,\ L)$。

为了获取二元函数 $EAC'(r,\ L)$ 中最优的订货点 r 和提前期 L，基于遗传算法，模型的求解算法如下：

Step1：初始化遗传算法的相关参数，构造关于参数 r 和 L 的初始种群。

Step2：根据种群中每个个体代表的订货点 r 和提前期 L，利用式（5.19）计算最优经济订货批量 Q^*，利用式（5.20）计算最优价格折扣 π_x^*，然后获得个体所代表库存策略的总成本 $EAC(Q^*$，r，π_x^*，L），并计算个体的适应度。

Step3：对种群选择操作。

Step4：对种群进行交叉和变异操作，得到下一代种群。

Step5：若算法不符合结束条件，转向 Step2；若算法符合结束条件，则种群中最优个体代表的 r^* 和 L^*，以及由此计算出的 Q^* 和 π_x^* 即为模型的最优解。

5.4.2 提前期决策对总成本的影响

总成本 EAC 关于提前期 L 的一阶和二阶偏导数如下：

$$\frac{\partial EAC(Q,\ r,\ \pi_x,\ L)}{\partial L} = \frac{1}{Q}\Big[-hQ\lambda - Dc_i + D\pi_x \frac{\partial S(r,\ L)}{\partial L}$$

$$+ (\pi_0 D + hQ)\Big(\frac{\partial S(r,\ L)}{\partial L} - \frac{\partial U(r,\ L)}{\partial L}\Big)\Big]$$

$$(5.21)$$

$$\frac{\partial^2 EAC(Q,\ r,\ \pi_x,\ L)}{\partial^2 L} = \frac{1}{Q}\Big[(\pi_0 D + hQ)\Big(\frac{\partial^2 S(r,\ L)}{\partial^2 L}$$

$$- \frac{\partial U^2(r,\ L)}{\partial^2 L}\Big) + D\pi_x \frac{\partial U^2(r,\ L)}{\partial^2 L}\Big]$$

$$(5.22)$$

命题2：给定 r，$Q > 0$ 和 $\pi_x \in [0,\ \pi_0]$，总成本函数 $EAC(Q,$ $r,\ \pi_x,\ L)$ 是关于提前期 $L \in [L_i,\ L_{i-1}]$ 的严格凸函数，即：

$$\frac{\partial^2 EAC(Q,\ r,\ \pi_x,\ L)}{\partial^2 L} > 0 \qquad (5.23)$$

证明：

$$\frac{\partial^2 S(r,\ L)}{\partial L^2} = \lambda g(r,\ L) \qquad (5.24)$$

$$\frac{\partial^2 U(r,\ L)}{\partial L^2} = \frac{\pi_x \lambda g(r,\ L)}{\pi_0} - \int_0^L \frac{a\pi_x \lambda g(r,\ L)}{\pi_0(1 + a(L-z))^2}\mathrm{d}z$$

$$(5.25)$$

由上可得：

$$\frac{\partial^2 U(r,\ L)}{\partial L^2} = \frac{\pi_x}{\pi_0} \frac{\partial^2 S(r,\ L)}{\partial L^2} - \int_0^L \frac{a\pi_x \lambda g(r,\ L)}{\pi_0(1 + a(L-z))^2}\mathrm{d}z$$

$$(5.26)$$

其中被积函数

$$\frac{a\pi_x \lambda g(r,\ L)}{\pi_0(1+a(L-z))^2} > 0 \tag{5.27}$$

$$\int_0^L \frac{a\pi_x \lambda g(r,\ L)}{\pi_0(1+a(L-z))^2} \mathrm{d}z > 0 \tag{5.28}$$

并且

$$\frac{\pi_x}{\pi_0} < 1 \tag{5.29}$$

故

$$0 < \frac{\partial^2 U(r,\ L)}{\partial L^2} < \frac{\partial^2 S(r,\ L)}{\partial L^2} \tag{5.30}$$

由上可得

$$\frac{\partial^2 EAC(Q,\ r,\ \pi_x,\ L)}{\partial^2 L} > 0 \tag{5.31}$$

总成本 EAC 是关于提前期 L 的严格凸函数。

令 L_i' 为函数 EAC 关于提前期 $L \in [L_i,\ L_{i-1})$ 的驻点。在提前期范围 $[L_i,\ L_{i-1})$ 内，即 $L \in [L_i,\ L_{i-1})$，命题 2 说明：

（1）若 $L_i' \geq L_{i-1}$

$$\frac{\partial EAC(Q,\ r,\ \pi_x,\ L)}{\partial L} < 0 \tag{5.32}$$

总成本 EAC 随着提前期 L 的压缩逐渐升高。

（2）若 $L_i' \leq L_i$，

$$\frac{\partial EAC(Q,\ r,\ \pi_x,\ L)}{\partial L} > 0 \tag{5.33}$$

总成本 EAC 随着提前期 L 的压缩逐渐下降，并在点 L_i 处取得最小总成本。

（3）若 $L_i < L_i' < L_{i-1}$ 时，总成本 EAC 随着提前期 L 的压缩先

下降后上升，并在点 L'_i 处取得最小总成本。因此，提前期决策需要考虑当前的提前期大小，盲目压缩或延长提前期会增加总成本。

由式（5.21）可知，驻点 L'_i 与提前期压缩费用率 c_i 相关。在不同的提前期范围 $[L_i, L_{i-1})$ 内，提前期压缩费用率 c_i 是不同的，驻点也就不等。根据命题 2，给定其他自变量，在提前期 L 的定义域 $[L_n, L_0]$ 内，提前期决策对总成本的影响需要根据提前期的范围分别讨论。

令函数

$$f(L) = \pi_0 \Big(\frac{\partial S(r, L)}{\partial L} - \frac{\partial U(r, L)}{\partial L} \Big) + \pi_x \frac{\partial U(r, L)}{\partial L}$$
$$- \frac{hQ}{D} \Big[\lambda - \Big(\frac{\partial S(r, L)}{\partial L} - \frac{\partial U(r, L)}{\partial L} \Big) \Big] \tag{5.34}$$

则总成本 EAC 关于提前期 L 的一阶导数可以简化为：

$$\frac{\partial EAC(Q, r, \pi_x, L)}{\partial L} = f(L) - c_i \tag{5.35}$$

由命题 2 可知，函数 $f(L)$ 是关于提前期 L 单调递增的。

命题 3：短缺量拖后数量随提前期的压缩而降低；缺货数量随着提前期的压缩而降低；丢单数量随着提前期的压缩而降低。

证明：

$$\frac{\partial U(r, L)}{\partial L} = \int_0^L \lambda \frac{\pi_x}{\pi_0} \frac{g(r, L)}{1 + a(L - z)} \mathrm{d}z > 0 \tag{5.36}$$

$$\frac{\partial S(r, L)}{\partial L} = \lambda \int_0^L g(r, L) \mathrm{d}z > \frac{\partial U(r, L)}{\partial L} > 0 \tag{5.37}$$

$\dfrac{\partial U(r, L)}{\partial L}$ 表示短缺量拖后数量随提前期的变化率，根据式

（5.36），短缺量拖后数量随提前期的压缩而降低；$\dfrac{\partial S(r, L)}{\partial L}$ 表

示缺货数量随提前期的变化率，根据式（5.37），缺货数量随着提前期的压缩而降低；$\dfrac{\partial S(r,\ L)}{\partial L}-\dfrac{\partial U(r,\ L)}{\partial L}$表示丢单数量随提前期的变化率，根据式（5.37），丢单数量随着提前期的压缩而降低。

命题4： 对$\forall c_i$，$i=1$，2，$\cdots$，n，若$\forall c_i>f(L_{i-1})$成立，则函数EAC是关于提前期L的减函数；给定r，$Q>0$和$\pi_x\in[0$，$\pi_0]$，最小总成本在端点L_0处取得。

证明： 对$\forall L\in[L_i,\ L_{i-1}]$，由函数$f(L)$的单调递增性，可得：

$$f(L_i)<f(L)<f(L_{i-1})<c_i \tag{5.38}$$

故

$$\left.\frac{\partial EAC(Q,\ r,\ \pi_x,\ L)}{\partial L}\right|_{L=L_i}<\left.\frac{\partial EAC(Q,\ r,\ \pi_x,\ L)}{\partial L}\right|_{L=L_{i-1}}<0 \tag{5.39}$$

对$\forall c_i$，$i=1$，2，$\cdots$，n都有$c_i>f(L_{i-1})$成立，因此对$\forall L\in[L_n,\ L_0]$，

$$\frac{\partial EAC(Q,\ r,\ \pi_x,\ L)}{\partial L}<0 \tag{5.40}$$

总成本EAC是关于提前期L的单调减函数。由命题2可知，给定其他自变量，最小总成本必在端点L_0处取得。

由$c_i>f(L_{i-1})$可得，

$$\frac{D}{Q}c_i>\frac{D}{Q}\left[\pi_0\left(\frac{\partial S(r,\ L)}{\partial L}-\frac{\partial U(r,\ L)}{\partial L}\right)+\pi_x\frac{\partial U(r,\ L)}{\partial L}\right]$$
$$-h\left[\lambda-\left(\frac{\partial S(r,\ L)}{\partial L}-\frac{\partial U(r,\ L)}{\partial L}\right)\right] \tag{5.41}$$

其中，$\dfrac{D}{Q}c_i$代表考察期内提前期压缩成本随提前期的变

化率，根据假设 5，提前期压缩成本随提前期的压缩而升高；

$\dfrac{D}{Q}\left[\pi_0\left(\dfrac{\partial S(r,\ L)}{\partial L}-\dfrac{\partial U(r,\ L)}{\partial L}\right)+\pi_x\dfrac{\partial U(r,\ L)}{\partial L}\right]$ 代表考察期内丢单成

本和拖后成本随提前期的变化率，根据命题 3，丢单成本和拖后

成本随提前期的压缩而降低；$h\left[\lambda-\left(\dfrac{\partial S(r,\ L)}{\partial L}-\dfrac{\partial U(r,\ L)}{\partial L}\right)\right]$ 表

示考察期内持有成本随提前期的变化率，根据命题 3，持有成本

随提前期的压缩而升高。命题 4 说明：在整个考察期内，随提前

期逐渐压缩，当丢单成本和拖后成本降低的速度小于提前期压缩

费用和持有成本升高的速度时，压缩提前期并不但不能降低总成

本，反而会提高总成本，此时提前期压缩费用率较高，不适合压

缩提前期。

命题 5：对 $\forall c_i$，$i=1,\ 2,\ \cdots,\ n$，若 $\forall c_i<f(L_i)$ 成立，则函

数 EAC 是关于提前期 L 的增函数，给定 $r,\ Q>0$ 和 $\pi_x\in\left[0,\right.$

$\left.\pi_0\right]$，最小总成本必在端点 L_n 处取得。

证明：对 $\forall L\in\left[L_i,\ L_{i-1}\right]$，由函数 $f(L)$ 的单调递增性，可得：

$$c_i<f(L_i)<f(L)<f(L_{i-1}) \tag{5.42}$$

故

$$0<\left.\dfrac{\partial EAC(Q,\ r,\ \pi_x,\ L)}{\partial L}\right|_{L=L_i}<\left.\dfrac{\partial EAC(Q,\ r,\ \pi_x,\ L)}{\partial L}\right|_{L=L_{i-1}}$$

$$\tag{5.43}$$

由于对 $\forall c_i$，$i=1,\ 2,\ \cdots,\ n$ 都有 $c_i<f(L_i)$ 成立，因此对

$\forall L\in\left[L_n,\ L_0\right]$，$\dfrac{\partial EAC(Q,\ r,\ \pi_x,\ L)}{\partial L}>0$，所以总成本 EAC 是关

于提前期 L 的单调增函数。由命题 2 可知，给定其他自变量，最

小总成本必在端点 L_n 处取得。

由 $c_i<f(L_i)$ 可得：

$$\frac{D}{Q}c_i < \frac{D}{Q}\left[\pi_0\left(\frac{\partial S(r,\ L)}{\partial L} - \frac{\partial U(r,\ L)}{\partial L}\right) + \pi_x \frac{\partial U(r,\ L)}{\partial L}\right]$$
$$-h\left[\lambda - \left(\frac{\partial S(r,\ L)}{\partial L} - \frac{\partial U(r,\ L)}{\partial L}\right)\right] \tag{5.44}$$

类似于命题4的分析,命题5说明:在整个考察期内,随提前期逐渐压缩,当丢单成本和拖后成本降低的速度大于提前期压缩费用和持有成本升高的速度时,压缩提前期能够降低总成本,此时提前期压缩费用率较低,适合压缩提前期。

命题6:当$L \in [L_n,\ L_0]$,期望总成本函数 EAC 关于提前期 L 的一阶偏导数是单调递增的;并且当$f(L_n) - c_n < 0$,$f(L_0) - c_1 > 0$ 成立时,总成本 EAC 随着提前期 L 的压缩先减小后增大。

证明:假设 l_1,$l_2 \in [L_n,\ L_0]$,当 l_1,$l_2 \in [L_i,\ L_{i-1}]$ 时,由命题2可知,$\dfrac{\partial EAC(Q,\ r,\ \pi_x,\ L)}{\partial L}$ 是单调递增的;当 $l_1 \in [L_i,\ L_{i-1}]$,$l_2 \in [L_j,\ L_{j-1}]$,若 $l_1 \leqslant l_2$,则 $j \leqslant i$,$c_j \leqslant c_i$,$f(l_1) \leqslant f(l_2)$ 成立,故 $\dfrac{\partial EAC(Q,\ r,\ \pi_x,\ L)}{\partial L}\bigg|_{L=l_i} < \dfrac{\partial EAC(Q,\ r,\ \pi_x,\ L)}{\partial L}\bigg|_{L=l_2}$。

综上所述,$\dfrac{\partial EAC(Q,\ r,\ \pi_x,\ L)}{\partial L}$ 在提前期 L 的取值范围 $[L_n,\ L_0]$ 内是单调递增的。由 $f(L_n) - c_n < 0$,$f(L_0) - c_1 > 0$ 可知,$\dfrac{\partial EAC(Q,\ r,\ \pi_x,\ L)}{\partial L}\bigg|_{L_n} < 0$,$\dfrac{\partial EAC(Q,\ r,\ \pi_x,\ L)}{\partial L}\bigg|_{L_0} > 0$,由于 $\dfrac{\partial EAC(Q,\ r,\ \pi_x,\ L)}{\partial L}$ 是关于提前期 L 单调递增的,故在提前期较大时,总成本 EAC 关于提前期 L 的一阶偏导数是大于零的,总成本 EAC 随着提前期 L 的压缩而下降,随着提前期逐渐减小,总成本关于提前期的一阶偏导数逐渐减小,最终为负值。故总成本随着提前期的压缩先减小后增大。

命题 6 说明：在提前期 L 的取值范围 $[L_n,\ L_0]$ 内，总成本 EAC 是关于提前期 L 的严格凸函数，这是对命题 2 的扩展；除了压缩费用率外，压缩提前期是否能够降低总成本，还取决于目前提前期的长短，而且随着提前期的缩短，压缩同样时间长度的提前期所降低的成本在逐渐减少。

5.4.3　提前期决策对订货批量的影响

最优订货批量 Q^* 关于提前期 L 的一阶偏导数如下：

$$\frac{\partial Q^*}{\partial L} = 2D\,\frac{\pi_0\left(\dfrac{\partial S(r,\ L)}{\partial L} - \dfrac{\partial U(r,\ L)}{\partial L}\right) + \pi_x\dfrac{\partial U(r,\ L)}{\partial L} - c_i}{2hQ - hU(r,\ L)}$$

$$(5.45)$$

命题 7：当 $c_i > \pi_0\left(\dfrac{\partial S(r,\ L)}{\partial L} - \dfrac{\partial U(r,\ L)}{\partial L}\right) + \pi_x\dfrac{\partial U(r,\ L)}{\partial L}$ 时，最优订货批量 Q^* 是关于提前期 L 的单调减函数。反之，最优订货批量 Q^* 是关于提前期 L 的单调增函数。

证明：

$$c_i > \pi_0\left(\frac{\partial S(r,\ L)}{\partial L} - \frac{\partial U(r,\ L)}{\partial L}\right) + \pi_x\frac{\partial U(r,\ L)}{\partial L} \qquad (5.46)$$

可得 $\dfrac{\partial Q^*}{\partial L} < 0$，最优订货批量 Q^* 是关于提前期 L 的单调减函数；反之，$\dfrac{\partial Q^*}{\partial L} > 0$，最优订货批量 Q^* 是关于提前期 L 的单调增函数。

在式（5.45）中，$\pi_0\left(\dfrac{\partial S(r,\ L)}{\partial L} - \dfrac{\partial U(r,\ L)}{\partial L}\right)$ 表示丢单成本随提前期的变化率，根据命题 3，丢单成本随着提前期的压缩

而降低，$\pi_x \dfrac{\partial U(r, L)}{\partial L}$ 表示拖后成本随提前期的变化率，根据命题 3，拖后成本随着提前期的压缩而降低。

命题 7 说明：提前期决策会通过丢单成本和拖后成本的变动来影响订货批量决策，压缩提前期时，如果减少的拖后成本和丢单成本大于压缩费用，订货批量随着提前期的缩短而减少；如果减少的拖后成本和丢单成本小于压缩费用，订货批量随着提前期的缩短而增加。

5.4.4 提前期决策对价格折扣的影响

最优价格折扣关于提前期的一阶偏导数如下：

$$\frac{\partial \pi_x^*}{\partial L} = \frac{h}{2D} \frac{\partial Q^*}{\partial L} = h \frac{\pi_0\left(\dfrac{\partial S(r, L)}{\partial L} - \dfrac{\partial U(r, L)}{\partial L}\right) + \pi_x \dfrac{\partial U(r, L)}{\partial L} - c_i}{2hQ - hU(r, L)}$$

$$(5.47)$$

命题 8：当 $c_i > \pi_0\left(\dfrac{\partial S(r, L)}{\partial L} - \dfrac{\partial U(r, L)}{\partial L}\right) + \pi_x \dfrac{\partial U(r, L)}{\partial L}$ 时，最优价格折扣是关于提前期的增函数。反之，最优价格折扣是关于提前期的减函数。

证明：

$$c_i > \pi_0\left(\frac{\partial S(r, L)}{\partial L} - \frac{\partial U(r, L)}{\partial L}\right) + \pi_x \frac{\partial U(r, L)}{\partial L} \qquad (5.48)$$

可得 $\dfrac{\partial \pi_x^*}{\partial L} < 0$，提前期的延长引起最优价格折扣的下降；反之，$\dfrac{\partial \pi_x^*}{\partial L} > 0$，提前期的延长引起最优价格折扣的上升。

命题 8 说明，提前期决策并不直接影响价格折扣决策。价格折扣决策与订货批量决策直接相关，而且最优价格折扣随提前期的变化趋势与订货批量随提前期的变化趋势一致。

5.5　数　值　仿　真

参考某公司实际情况，设定以下库存系统参数：$D = 365$，$A = 50$，$h = 6$，$\lambda = 1.0$，$\pi_0 = 35$，$a = 0.163$，提前期压缩费用率如表 5.1 所示。算例的计算结果如表 5.2 所示，最优解用黑体标出。当提前期 $L = 63$、订货点 $r = 76.686$ 时，获得库存系统的最小期望总成本 576.2951，此时根据式（5.19）计算出最优订货批量 Q^* 是 82.2633，根据式（5.20）计算出最优价格折扣 π_x^* 是 18.1761。

表 5.1　　　　　　　　　提前期压缩成本

工作编号	正常耗时 b_i	最短耗时 a_i	压缩费用 c_i
1	31	21	0.1
2	21	14	0.3
3	21	14	0.5

由表 5.2 可知，随着提前期的压缩，一方面，订货点不断降低，订货批量和价格折扣不断提高；另一方面，订购成本、丢单成本和拖后成本逐渐下降，压缩成本逐渐上升，总成本先下降后上升，而持有成本的变化趋势不明显。根据式（5.14）和式（5.15），总成本函数可以简化为提前期和订货点的二元函数，总成本随提前期和订货点变化的趋势如图 5.1 和图 5.2 所示。

表 5.2 算例仿真的计算结果

提前期	73	68	63	59	56	52	49
订货点	87.75785	82.23079	76.68599	72.20788	68.84169	64.31854	60.9176
订货批量	81.7345	82.0021	82.2633	83.0823	83.6873	85.0791	86.1025
价格折扣	18.1718	18.174	18.1761	18.1829	18.1878	18.1993	18.2077
订货成本	223.284	222.5553	221.8487	219.6616	218.0737	214.5063	211.9567
持有成本	334.3919	332.0121	329.5053	329.0807	328.6878	329.7134	330.3686
丢单成本	16.70928	16.12466	15.51898	15.02785	14.64813	14.138	13.73842
拖后成本	5.210045	5.100792	4.985139	4.892495	4.819437	4.713317	4.634028
压缩成本	0	2.225553	4.436974	9.66511	13.52057	21.87964	27.97829
总成本	579.5953	578.0183	576.2951	578.3278	579.7496	584.9507	588.6761

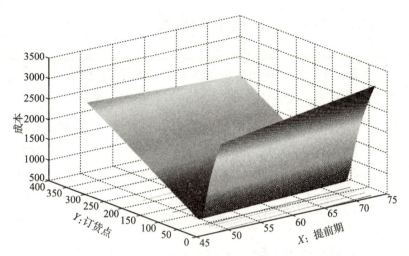

图 5.1　总成本随提前期和订货点变化的趋势（1）

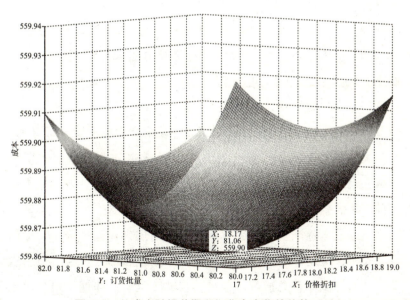

图 5.2　总成本随提前期和订货点变化的趋势（2）

5.5.1 提前期决策对总成本的影响

在算例中，提前期的取值范围是 $[49,76]$。提前期 L 由三个阶段组成，分为 $[49,56)$、$[56,63)$ 和 $[63,76]$ 三段，对应压缩费用率为 0.5、0.3 和 0.1。给定订货点 $r=76.686$，订货批量 $Q=82.2633$，价格折扣 $\pi_x=18.1761$，由 $f(49)=-1.348<0$，$f(76)=0.182>0$，根据命题 6 可知，总成本随着提前期的压缩先减小后增大。在三个不同阶段内，对总成本随着提前期变化的趋势讨论如下：

（1）当 $L\in[49,56)$ 时，$f(56)=-1.348<c_3$，驻点 $L'=63.7151$，$\forall L\in[49,56)<L'$，故总成本随着提前期的增大而减少。

（2）当 $L\in[56,63)$ 时，$f(63)=0.182<c_2$，驻点 $L'=63.2788$，$\forall L\in[56,63)<L'$，故总成本随着提前期的增大而减少。

（3）当 $L\in[63,76]$ 时，$f(63)=0.182>c_1$，驻点 $L'=62.799$，$\forall L\in[63,76]>L'$，故总成本随着提前期的增大而增大。

综上所述，当 $L\in[49,76)$ 时，总成本随着提前期的压缩先减小后增大，并且总成本在 $L=63$ 处获得最小值。各项成本随提前变化的趋势如图 5.3 所示。随着提前期的压缩，持有成本和提前期压缩成本逐渐上升，丢单成本和拖后成本逐渐下降。在提前期较长时，压缩提前期，可以减少丢单数量和部分短缺量拖后数量，从而降低库存总成本。但是，若继续压缩提前期，则会由于增加的提前期压缩成本和持有成本值大于减少的丢单成本和拖后成本，从而导致总成本上升。因此，要仔细比较提前期压缩所增加的成本与减少的成本之间的大小，以判断是否需要压缩提前期。

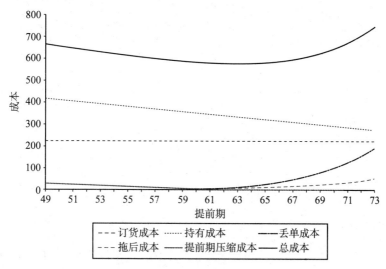

图 5.3　各项成本随提前期的变化趋势

5.5.2　提前期决策对订货批量的影响

在算例中，给定订货点 $r = 76.686$，$\pi_x = 18.1761$，最优订货批量随提前期的变化曲线如图 5.4 所示。

（1）当 $L \in [63, 76]$ 时，$\dfrac{\partial Q^*}{\partial L} > 0$，所以最优订货批量随着提前期的压缩逐渐下降。

（2）当 $L \in [58.78, 63)$ 时，$\dfrac{\partial Q^*}{\partial L} > 0$，所以最优订货批量随着提前期的压缩逐渐下降。

（3）当 $L \in [56, 58.78)$ 时，$\dfrac{\partial Q^*}{\partial L} < 0$，所以最优订货批量随着提前期的压缩逐渐上升。

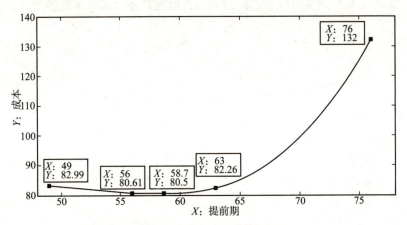

图 5.4　最优订货批量随提前期的变化曲线

（4）当 $L \in [49, 56)$ 时，$\dfrac{\partial Q^*}{\partial L} < 0$，所以最优订货批量随着提前期的压缩逐渐上升。

通常认为，压缩提前期能够降低订货批量，从而降低持有成本。命题 7 和算例说明，只有当压缩提前期减少的丢单成本和拖后成本大于提前期压缩成本时，上述观点才成立。而当压缩提前期减少的丢单成本和拖后成本小于提前期压缩成本时，压缩提前期会增大订货批量。

5.5.3　提前期决策对价格折扣的影响

在算例中，给定订货点 $r = 76.686$，最优价格折扣随提前期的变化曲线如图 5.5 所示。由图 5.4 和图 5.5 可知，最优价格折扣随提前期变化的趋势与最优订货批量是相同的。

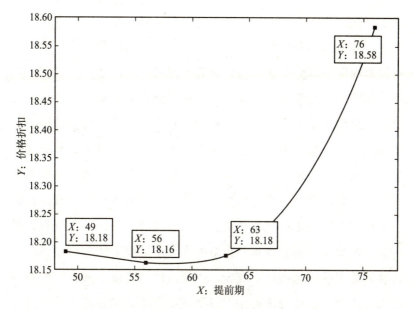

图 5.5　最优价格折扣随提前期的变化曲线

5.6　本章小结

在新经济时代，顾客对于等待是敏感的，顾客越来越关注企业的响应速度，部分短缺量拖后的数量在逐渐减少。因此，我国零售企业不能仅仅满足于被动利用部分短缺量拖后，还应积极采取有效措施主动扩大部分短缺量拖后数量，以最大化自身收益。提前期的长短直接决定了缺货时顾客等待的时间，也在很大程度上影响着部分短缺量拖后率的大小。可控提前期下库存控制模型的研究需要考虑提前期长度对部分短缺量拖后率的影响。此外，零售商也可以对缺货的商品提供相应的折扣以挽留顾客，从而扩大短缺量拖后的比率。因此，零售商可以综合利用提前期压缩和价格折扣优化部分短缺量拖后下的库存控制。基于此，本章综合考虑了等待时间和价格折扣对部分短缺量拖后率的影响，建立了可控提前期下部分短缺量拖后率随等待时间和价格折扣时变的库存控制模型，在此基础上分析了提前期决策对总成本、最优订货批量和最优价格折扣的影响，并结合算例对结论进行了验证。结果显示：由于总成本 EAC 关于提前期 L 的凸函数性质，只有在满足一定条件时，压缩提前期才能降低总成本，并且随着提前期的缩短，压缩同样时间长度的提前期所降低的成本在逐渐减少；提前期压缩会通过丢单成本和拖后成本的变动来影响最优订货批量决策，当减少的拖后成本和丢单成本大于压缩费用时，最优订货批量随着提前期的缩短而减少，否则最优订货批量随着提前期的压缩而增加；最优价格折扣与订货批量决策直接相关，并不直接受提前期压缩的影响，最优价格折扣随提前期的变化趋势与订货批量随提前期的变化趋势一致。

第 6 章

结论与展望

6.1　结　　论

在新经济时代，市场竞争从基于成本的竞争转向了如何更有效满足顾客需求的竞争。产品的多样化、信息的多元化和渠道的便捷化，增加了顾客流失的可能性。提高顾客忠诚度，减少顾客流失率成为构建企业竞争优势的重要途径之一。在零售业中，缺货是导致顾客流失的重要原因之一。然而我国零售企业 9.9% 的平均缺货率仍高于世界先进零售企业 7.4% 的缺货率。因此，我国零售企业在库存决策中更应该重视部分短缺量拖后的影响，积极挽留顾客，避免缺货导致顾客流失。基于此，在系统分析总结部分短缺量拖后下库存控制模型研究文献的基础上，本书深入讨论了部分短缺量拖后的影响因素及形式，然后根据部分短缺量拖后率的影响因素从库存控制策略、提前期压缩以及价格折扣三个方面探究我国零售企业在库存决策中如何充分利用部分短缺量拖后现象，达到降低顾客流失率、最优化自身收益的目的。本书的研究主要得到了以下结论：

（1）在考虑部分短缺量拖后的边补货边需求库存控制模型中，补货能力的有限性会增加缺货时顾客的等待时间。与等待时间相关的部分短缺量拖后率需要综合考虑下次补货前的等待时间和开始补货后由于补货能力有限而增加的等待时间。基于此，提出了与补货能力、短缺数量和等待时间相关的部分短缺量拖后率影响方式，建立了补货能力影响部分短缺量拖后的变质商品边补货边需求库存控制模型。研究表明：随着补货能力的增加，补货次数会下降到某一固定水平，虽然增加了缺货量等待下次补货的时间，但是减少了补货开始后缺货量获得满足的时间，所以在中等水平的补货能力下，丢单数量随补货能力的变化趋势不明显，但是较大的补货能力能够增加短缺量拖后的比率，减少丢单的数量，也就验证了补货能力对部分短缺量拖后率确实存在影响。

（2）部分短缺量拖后的控制可以根据顾客对缺货数量和等待时间的敏感度选择合适的库存控制策略实现。缺货后顾客在决定是否等待时对缺货数量和等待时间有不同的敏感度。库存系统的平均缺货数量和等待时间在不同的库存控制策略下存在较大差异。本书研究了成本结构和顾客敏感度对不同库存控制策略运营成本的影响，优化了部分短缺量拖后下库存控制策略的适用范围，在收益最优化的条件下达到对部分短缺量拖后进行控制的目的。研究表明：(s, S) 连续性检查策略适用于单位缺货和丢单成本较高的库存系统；(t, S) 周期性检查策略和 (t, s, S) 库存控制策略适用于单位缺货和丢单成本较低的库存系统；在单位缺货和丢单成本较低的库存系统中，当顾客对缺货数量较敏感时，(t, s, S) 库存控制策略的运作成本更低，否则 (t, S) 周期性检查策略更适用，而等待时间敏感度对库存控制策略适用范围的影响不明显。

（3）部分短缺量拖后的控制还可以通过优化提前期压缩决策和价格折扣决策实现。缺货时顾客会根据等待时间的长短和价格折扣的多少决定是否等待下次补货。而提前期的长短直接决定了顾客在缺货时的等待时间。本书综合考虑了等待时间和价格折扣对部分短缺量拖后率的影响，提出了与等待时间和价格折扣相关的部分短缺量拖后率影响方式，建立了可控提前期下部分短缺量拖后率随等待时间和价格折扣时变的库存控制模型，研究了库存控制策略、提前期压缩策略和价格折扣策略的联合优化问题，在收益最优化的条件下达到对部分短缺量拖后进行控制的目的，并在此基础上分析了提前期决策对总成本、最优订货批量和最优价格折扣的影响结果显示：由于总成本关于提前期的凸函数性质，只有在满足一定条件时，压缩提前期才能降低总成本，并且随着提前期的缩短，压缩同样时间长度的提前期所降低的成本在逐渐减少；提前期压缩会通过丢单成本和拖后成本的变动来影响最优订货批量决策，当减少的拖后成本和丢单成本大于压缩费用时，最优订货批量随着提前期的缩短而减少，否则最优订货批量随着提前期的压缩而增加；最优价格折扣与订货批量决策直接相关，并不直接受提前期压缩的影响，最优价格折扣随提前期的变化趋势与订货批量随提前期的变化趋势一致。

6.2　后续研究展望

本书拓展了部分短缺量拖后影响因素的研究，并从库存控制策略、提前期压缩策略及价格折扣策略三个方面在收益最大化的条件下研究了部分短缺量拖后的控制问题，为后续部分短缺量拖后下库存控制模型研究提供了参考。本书的研究还可从以下几个方面进行扩展：

（1）随着供应商管理库存，联合计划、预测与补给等新兴运作模式的出现，基于库存控制策略的部分短缺量拖后控制问题可以结合各种先进运作模式进行研究。

（2）部分短缺量拖后下库存控制模型的研究方法常常采用数值仿真。本书对模型的求解及分析也部分采用了数值仿真的方法。为了精确分析建立的数学模型，未来的研究可以从模型的精确求解及分析方面开展。

（3）此外，在问题界定中，还可以加入延期付款、通货膨胀、时间折扣、批量价格折扣、需求率为高次函数、产量柔性、生产系统物流批量、原材料库存以及库容有限等研究环境要素。但是综合考虑的因素越多，通常情况下模型的构建将更加困难，对模型的数学求解及分析也更加复杂，此时对模型求解方法的研究显得尤为重要。

参 考 文 献

［1］陈晖，罗兵，张仁萍 . 2007. 提前期、构建成本和短缺量滞后供给率均可控的 EOQ 模型 ［J］. 系统工程，25 （10）：82 - 87.

［2］陈剑，张楠 . 2008. 针对等待敏感顾客的缺货补偿与库存策略研究 ［J］. 管理科学学报，11 （3）：53 - 62.

［3］陈军 . 2008. 考虑流通损耗控制的生鲜农产品供应链订货策略及供需协调研究 ［D］. 重庆：重庆大学 .

［4］程云龙，牟琼，潘显兵 . 2016. 提前期可控的二级供应链库存模型 ［J］. 数学的实践与认识，46 （5）：102 - 109.

［5］达庆利，张钦 . 2005. 敏捷供应链的构造方法和敏捷策略 ［J］. 科研管理，26 （1）：100 - 107.

［6］黄波，陈晖，罗兵等 . 2007. 提前期、构建成本和短缺量拖后率均可控的 EOQ 模型 ［J］. 中国管理科学，15 （6）：67 - 73.

［7］黄庆扬，陈俊芳，龙静 . 2009. 考虑多因素的集成库存模型及其优化解 ［J］. 工业工程与管理，（1）：48 - 52.

［8］黄卫来 . 2007. Weibull 分布变质物品库存模型研究 ［J］. 工业工程与管理，12 （2）：72 - 75，101.

［9］李果，张祥，马士华，王兆华 . 2012. 不确定交货条件

下供应链装配系统订货优化与协调研究综述 [J]. 计算机集成制造系统, 18 (2): 369 – 380.

[10] 李宇雨, 罗兵, 黄波. 2007. 短缺量滞后供给与顾客等待时间相关的 VMI 模型 [J]. 工业工程, 10 (6): 96 – 99.

[11] 林欣怡, 文晓巍, 达庆利. 2007. 随机生产中拖后需求的变质产品最优生产策略 [J]. 东南大学学报 (自然科学版), 37 (4): 731 – 736.

[12] 刘蕾, 罗华, 唐小我. 2007. 基于斯坦克尔伯格博弈的订货提前期决策研究 [J]. 计算机集成制造系统, 13 (7): 1401 – 1406.

[13] 刘永胜, 李敏强. 2004. 供应链库存协调策略研究 [J]. 中国管理科学, 12 (2): 50 – 55.

[14] 鲁其辉, 朱道立, 林正华. 2004. 带有快速反应策略供应链系统的补偿策略研究 [J]. 管理科学学报, 7 (4): 14 – 23.

[15] 吕宏芬, 余向平. 2004. 顾客忠诚的基本诱因及对策探讨 [J]. 商场现代化, (17): 41 – 42.

[16] 罗兵, 黄波, 卢娜. 2006. 一种线性时变需求且短缺量部分拖后的 VMI 模型 [J]. 系统工程理论与实践, 25 (5): 36 – 42.

[17] 罗兵, 李波. 2008. 价格影响需求的随机间隔期库存模型 [J]. 改革与战略, 24 (2): 20 – 22.

[18] 罗兵, 卢娜, 杨帅. 2005a. 耐烦期有限的供应商管理库存模型 [J]. 重庆大学学报 (自然科学版), 28 (5): 143 – 147.

[19] 罗兵, 卢娜, 杨帅等. 2005b. 短缺量拖后率不相同时的边生产边需求 EOQ 模型 [J]. 系统工程, 20 (2): 120 – 128.

[20] 罗兵, 熊中楷, 杨秀苔.2002a. 存货影响销售率且理论需求为线性时变函数时的EOQ模型 [J]. 中国管理科学, 10 (6): 66-71.

[21] 罗兵, 杨帅, 李宇雨.2005e. 变质物品在存货影响销售率且需求和采购价均为时变时的EOQ模型 [J]. 工业工程与管理, (3): 40-44.

[22] 罗兵, 杨帅, 卢娜.2005c. 部分短缺量拖后且考虑费用时值的VMI模型 [J]. 控制与决策, 20 (9): 1061-1064.

[23] 罗兵, 杨帅, 熊中楷.2005d. 短缺量拖后率、需求和采购价均为时变的变质物品EOQ模型 [J]. 中国管理科学, 13 (3): 44-52.

[24] 罗兵, 杨秀苔, 熊中楷.2002b. 部分短缺量拖后时的边生产边需求EOQ模型及应用 [J]. 系统工程, 20 (2): 46-50.

[25] 罗兵.2001. 几类经济订购批量模型及其应用 [D]. 重庆: 重庆大学.

[26] 马士华, 林勇.1995. 供应链管理 [M]. 北京: 机械工业出版社.

[27] 梅晚霞, 马士华.2007. (Q, r) 库存中的提前期压缩问题研究 [J]. 中国管理科学, 15 (6): 73-77.

[28] 秦诗月.2014. 考虑需求替代的部分短缺量拖后订货模型 [J]. 辽宁工程技术大学学报 (自然科学版), 33 (11): 1556-1559.

[29] 邱晗光, 张旭梅, 但斌, 陈军, 李宇雨.2010. 可控提前期下考虑复杂时变部分短缺量拖后率的库存控制模型 [J]. 系统工程学报, 25 (5): 689-695.

[30] 宋华明, 马士华.2007. 二阶段供应链中提前期压缩的

影响与协调 [J]. 管理科学学报, 10 (1): 46 - 53.

[31] 宋华明, 杨慧, 罗建强. 2011. 需求分布未知且提前期可控的联合库存决策 [J]. 运筹与管理, (2): 64 - 71.

[32] 孙士雅, 罗兵, 于会强. 2002. 部分短缺量拖后的非瞬时补货的 EOQ 模型 [J]. 重庆大学学报 (自然科学版), 25 (1): 134 - 137.

[33] 孙衍林. 2008. 提前期可变且短缺部分拖后的供应链联合生产库存决策 [J]. 统计与决策, (5): 83 - 85.

[34] 王凌. 2001. 智能优化算法及其应用 [M]. 北京: 清华大学出版社.

[35] 王耀. 2008. 2008 中国零售业发展报告: 中国零售业白皮书 [M]. 北京: 中国经济出版社.

[36] 王蓁. 2008. 终端为什么缺货 [M]. 北京: 清华大学出版社.

[37] 文晓巍, 张光辉. 2009. 随机生产状态下易变质产品的 EPQ 模型 [J]. 中国管理科学, 17 (S): 378 - 382.

[38] 沃顿知识在线. 2006. 衣架上找不到那套衣服? 零售商正在将更多购物者推向网络 [EB/OL]. http: //www. knowledgeat- wharton. com. cn/index. cfm? fa = viewArticle&articleID = 1516.

[39] 吴兆龙, 吴跃斌. 2007. 服务组织维系顾客忠诚的策略探析 [J]. 华东经济管理, 21 (4): 108 - 110.

[40] 夏海洋, 黄培清. 2008. 随机需求下提前期可控的生产—库存联合优化模型 [J]. 控制与决策, 23 (6): 631 - 636.

[41] 夏海洋, 黄培清, 张伟华. 2009. 联合经济批量模型中的损失补贴与利益分配问题研究 [J]. 管理工程学报, 23 (2): 74 - 79.

［42］夏海洋，黄培清.2011.未知需求分布下提前期可控的整合库存模型研究［J］.工业工程与管理，16（2）：65－71.

［43］谢金星，王森.2008.两级供应链中基于提前订货折扣的博弈［J］.系统工程学报，23（2）：181－187.

［44］徐贤浩，陈雯，廖丽平，李路军.2013.基于需求预测的短生命周期产品订货策略研究［J］.管理科学学报，16（4）：22－32.

［45］张旭梅，邱晗光.2008.补货能力影响部分短缺量拖后率的边补货边需求 EOQ 模型［J］.中国管理科学，16（1）：96－103.

［46］张旭梅，邱晗光.2009.部分短缺量拖后下基于顾客敏感度的库存控制策略适用范围研究［J］.中国管理科学，17（4）：60－68.

［47］郑惠莉，达庆利.2003.一种需求和采购价格均为时变的 EOQ 模型［J］.中国管理科学，11（3）：26－30.

［48］钟磊钢，魏明，李亚峰.2008.缺货量部分拖后订货的易变质物品的库存模型［J］.东北大学学报（自然科学版），29（4）：593－596.

［49］Abad P L. 1996. Optimal pricing and lot-sizing under conditions of perishability and partial backordering［J］. Management Science, 42（8）：1093－1104.

［50］Abad P L. 2000. Optimal lot size for a perishable good under conditions of finite production and partial backordering and lost sale［J］. Computers & Industrial Engineering, 38（4）：457－465.

［51］Abad P L. 2001. Optimal price and order size for a reseller under partial backordering［J］. Computers & Operations Research,

28（1）：53 - 65.

［52］Abad P L. 2003. Optimal pricing and lot-sizing under conditions of perishability, finite production and partial backordering and lost sale ［J］. European Journal of Operational Research, 144 （3）：677 - 685.

［53］Abad P L. 2008. Optimal price and order size under partial backordering incorporating shortage, backorder and lost sale costs ［J］. International Journal of Production Economics, 114 （1）：179 - 186.

［54］Balkhi Z T, Benkherouf L. 2004. On an inventory model for deteriorating items with stock dependent and time-varying demand rates ［J］. Computers & Operations Research, 31 （2）：223 - 240.

［55］Balkhi Z T. 2001. On a finite horizon production lot size inventory model for deteriorating items：An optimal solution ［J］. European Journal of Operational Research, 132 （1）：210 - 223.

［56］Banerjee A. 1986. A joint economic-lot-size model for purchaser and vendor ［J］. Decision Sciences, 17 （3）：292 - 311.

［57］Beeker G S. 1965. A theory of the allocation of time ［J］. Economic Journal, 75 （299）：493 - 517.

［58］Ben - Daya M, Abdul R. 1994. Inventory models involving lead time as a decision variable ［J］. Journal of the Operational Research Society, 45 （5）：579 - 582.

［59］Benkherouf L. 1998. Note on a deterministic lot-size inventory model for deteriorating items with shortages and a declining market ［J］. Computers & Operations Research, 25 （1）：63 - 65.

［60］Biskup D, Simons D, Jahnke H. 2003. The effect of capital lockup and customer trade credits on the optimal lot size-a confir-

mation of the EPQ [J]. Computers & Operations Research, 30 (10):
1509 – 1524.

[61] Buzacott J A. 1975. Economic order quantities with inflation
[J]. Operational Research Quarterly, 26 (3): 553 – 558.

[62] Chang C T, Goyal S K, Jinn-Tsair T. 2006. On "An
EOQ model for perishable items under stock-dependent selling rate and
time-dependent partial backlogging" by Dye and Ouyang [J]. Euro-
pean Journal of Operational Research, 174 (2): 923 – 929.

[63] Chang H J, Dye C Y. 1999. An EOQ model for deteriora-
ting items with time varying demand and partial backlogging [J]. Jour-
nal of the Operational Research Society, 50 (11): 1176 – 1182.

[64] Chang S C, Yao J S, Lee H-M. 1998. Economic reorder
point for fuzzy backorder quantity [J]. European Journal of Operation-
al Research, 109 (1): 183 – 202.

[65] Chen F, Zheng Y S. 1993. Inventory models with general
backorder costs [J]. European Journal of Operational Research, 65
(2): 175 – 186.

[66] Chen J M, Chen L T. 2004. Pricing and Lot – Sizing for a
Deteriorating Item in a Periodic Review Inventory System with Shortages
[J]. The Journal of the Operational Research Society, 55 (8): 892 –
901.

[67] Chern M S, Yang H L, Teng J-T, et al. 2008. Partial
backlogging inventory lot-size models for deteriorating items with fluctu-
ating demand under inflation [J]. European Journal of Operational Re-
search, 191 (1): 127 – 141.

[68] Chopra S, Reinhardt G, Dada M. 2004. The effect of lead

time uncertainty on safety stocks [J]. Decision Sciences, 35 (1): 1 – 24.

[69] Christian N M. 1990. The sensitivity of inventory models with demand trend [J]. Computers Industrial and Engineering, 18 (2): 153 – 161.

[70] Chu C W, Patuwo B E, Mehrez A, et al. 2001. A dynamic two-segment partial backorder control of (r, Q) inventory system [J]. Computers & Operations Research, 28 (10): 935 – 953.

[71] Chu P, Chung K J, Lan S P. 1998. Economic order quantity of deteriorating items under permissible delay in payments [J]. Computers and Operations Research, 25 (8): 817 – 824.

[72] Chuang B R, Ouyang L Y, Chuang K W. 2004a. A note on periodic review inventory model with controllable setup cost and lead time [J]. Computers & Operations Research, 31 (4): 549 – 561.

[73] Chuang B R, Ouyang L Y, Lin Y J. 2004b. A minimax distribution free procedure for mixed inventory model with backorder discounts and variable lead time [J]. Journal of Statistic & Management Systems, 7 (1): 65 – 76.

[74] Chung K J, Chu P, Lan S P. 2000. A note on EOQ models for deteriorating items under stock dependent selling rate [J]. European Journal of Operational Research, 124 (3): 550 – 559.

[75] Chung K J, Liao J J. 2006. The optimal ordering policy in a DCF analysis for deteriorating items when trade credit depends on the order quantity [J]. International Journal of Production Economics, 100 (1): 116 – 130.

[76] Chung K J, Tsai S F. 1997. An algorithm to determine the

EOQ for deteriorating items with shortage and a linear trend in demand [J]. International Journal of Production Economics, 51 (3): 215 – 221.

[77] Datta T K, Pal A K. 1990. A note on an inventory model with inventory-level-dependent demand rate [J]. Journal of the Operational Research Society, 41 (10): 971 – 975.

[78] Dye C Y, Chang H J, Teng J T. 2006. A deteriorating inventory model with time-varying demand and shortage-dependent partial backlogging [J]. European Journal of Operational Research, 172 (2): 417 – 429.

[79] Dye C Y, Hsieh T P, Ouyang L Y. 2007. Determining optimal selling price and lot size with a varying rate of deterioration and exponential partial backlogging [J]. European Journal of Operational Research, 181 (2): 668 – 678.

[80] Dye C Y, Ouyang L Y. 2005. An EOQ model for perishable items under stock-dependent selling rate and time-dependent partial backlogging [J]. European Journal of Operational Research, 163 (3): 776 – 783.

[81] Dye C Y. 2007. Joint pricing and ordering policy for a deteriorating inventory with partial backlogging [J]. Omega, 35 (2): 184 – 189.

[82] Freimer M, Thomas D, Tyworth J. 2006. The value of set-up cost reduction and process improvement for the economic production quantity model with defects [J]. European Journal of Operational Research, 173 (1): 241 – 251.

[83] Giri B C, Jalan a K, Chaudhuri K S. 2005. An economic

production lot size model with increasing demand, shortages and partial backlogging [J]. International Transactions in Operational Research, 12 (2): 235 –245.

[84] Goyal S K, Giri B C. 2001. Recent trends in modeling of deteriorating inventory [J]. European Journal of Operational Research, 134 (1): 1 –16.

[85] Goyal S K, Giri B C. 2003. The production-inventory problem of a product with time varying demand, production and deterioration rates [J]. European Journal of Operational Research, 147 (3): 549 –557.

[86] Goyal S K. 1976. An integrated inventory model for a single supplier-single customer problem [J]. International Journal of Production Research, 15 (1): 107 –111.

[87] Goyal S K. 1988. A joint economic lot size model for purchaser and vendor: A comment [J]. Decision Science, 19 (1): 236 –241.

[88] Goyal S K. 1995. A one-vendor multi-buyer integrated inventory model: a comment [J]. European Journal of Operational Research, 82 (1): 209 –210.

[89] Hadley G, Whitin T M. 1963. Analysis of Inventory Systems [M]. Englewood Cliffs, NJ: Prentice Hall.

[90] Halim K A, Giri B C, Chaudhuri K S. 2008. Fuzzy economic order quantity model for perishable items with stochastic demand, partial backlogging and fuzzy deterioration rate [J]. International Journal of Operational Research, 3 (1 ~ 2): 77 –96.

[91] Hou K L. 2006. An inventory model for deteriorating items

with stock-dependent consumption rate and shortages under inflation and time discounting [J]. European Journal of Operational Research, 168 (2): 463 – 474.

[92] Hsiao Y C. 2008. A note on integrated single vendor single buyer model with stochastic demand and variable lead time [J]. International Journal of Production Economics, 114 (1): 294 – 297.

[93] Hsu P-H, Wee H M, Teng H-M. 2007. Optimal ordering decision for deteriorating items with expiration date and uncertain lead time [J]. Computers & Industrial Engineering, 52 (4): 448 – 458.

[94] Hu W T, Kim S L, Banerjee A. 2009. An inventory model with partial backordering and unit backorder cost linearly increasing with the waiting time [J]. European Journal of Operational Research, 197 (2): 581 – 587.

[95] Jaggi C K, Aggarwal K K, Goel S K. 2006. Optimal order policy for deteriorating items with inflation induced demand [J]. International Journal of Production Economics, 103 (2): 707 – 714.

[96] Johnson L A, Montgomery D C. 1974. Operations Research in Production Planning, Scheduling, and Inventory Control [M]. Newjork: John Wiley and Sons.

[97] Kevin Hsu W K, Yu H-F. 2009. EOQ model for imperfective items under a one-time-only discount [J]. Omega, 37 (5): 1018 – 1026.

[98] Khanra S, Chaudhuri K S. 2003. A note on an order-level inventory model for a deteriorating item with time-dependent quadratic demand [J]. Computers and Operations Research, 30 (12): 1901 – 1916.

［99］ Kim K L, Hayya J C, Hong J D. 1992. Setup reduction in economic production quantity model ［J］. Decision Science, 23 (2): 500 – 508.

［100］ Kotler P, Keller K L. 2006. Marketing management 12 edition ［M］. Upper Saddle River, NJ: Pearson Prentice Hall.

［101］ Law S T, Wee H M. 2006. An integrated production-inventory model for ameliorating and deteriorating items taking account of time discounting ［J］. Mathematical and Computer Modeling, 43 (5 – 6): 673 – 685.

［102］ Lee W C, Wu J W, Lei C L. 2007a. Computational algorithmic procedure for optimal inventory policy involving ordering cost reduction and back-order discounts when lead time demand is controllable ［J］. Applied Mathematics and Computation, 189 (1): 186 – 200.

［103］ Lee W C, Wu J W, Lei C L. 2007b. Optimal inventory policy involving back-order discounts and variable lead time demand ［J］. International Journal of Advanced Manufacturing Technology, 34 (9 – 10): 958 – 967.

［104］ Leung K F. 2007. A generalized geometric-programming solution to "An economic production quantity model with flexibility and reliability considerations" ［J］. European Journal of Operational Research, 176 (1): 240 – 251.

［105］ Levin P T, Mclaughlin C P, Lamone R P. 1972. Production/Operations Management: Contemporary Policy for Managing Operating Systems ［M］. New York: McGraw-Hill.

［106］ Li G Z, Wang J X, Chen C J. 2006. A vendor-managed

inventory model with partial backlogging allowing shortage [J]. Journal of Qingdao University, 19 (4): 61 – 65.

[107] Liang S K, Chu P, Yang K L. 2008. Improved periodic review inventory model involving lead-time with crashing components and service level [J]. International Journal of Systems Science, 39 (4): 421 – 426.

[108] Liao C J, Shyu C H. 1991. An Analytical Determination of Lead Time with Normal Demand [J]. International Journal of Operations & Production Management, 11 (9): 72 – 78.

[109] Lin Y J. 2008a. A periodic review inventory model involving fuzzy expected demand short and fuzzy backorder rate [J]. Computers & Industrial Engineering, 54 (3): 666 – 676.

[110] Lin Y J. 2008b. Minimax distribution free procedure with backorder price discount [J]. International Journal of Production Economics, 111 (1): 118 – 128.

[111] Lin Y J. 2009. An integrated vendor-buyer inventory model with backorder price discount and effective investment to reduce ordering cost [J]. Computers & Industrial Engineering, 56 (4): 1597 – 1606.

[112] Lodree E J. 2007. Advanced supply chain planning with mixtures of backorders, lost sales, and lost contract [J]. European Journal of Operational Research, 181 (1): 168 – 183.

[113] Love S F. Inventory Control [M]. New York: McGraw – Hill, 1979.

[114] Luo W H. 1998. An integrated inventory system for perishable goods with backordering [J]. Computers & Industrial Engineer-

ing, 34 (3): 685 – 693.

[115] Mandal M, Maiti M. 1999. Inventory of damageable items with variable replenishment rate, stock-dependent demand and some units in hand [J]. Applied Mathematical Modelling. 23 (10): 799 – 807.

[116] Manna S K, Chaudhuri K S. 2006. An EOQ model with ramp type demand rate, time dependent deterioration rate, unit production cost and shortages [J]. European Journal of Operational Research, 171 (2): 557 – 566.

[117] Montgomery D C, Bazcuaa M S, Keswani A K. 1973. Inventory models with a mixture of backorders and lost sales [J]. Naval Research Logistics Quarterly, 20 (2): 255 – 263.

[118] Mukhopadhyay S, Mukherjee R N, Chaudhuri K S. 2004. Joint pricing and ordering policy for a deteriorating inventory [J]. Computers & Industrial Engineering, 47 (4): 339 – 349.

[119] Murdeshwar T M, Sathe Y S. 1985. Some aspects of lot size models with two levels of storage [J]. Opsearch Opsearch, 22 (4): 255 – 262.

[120] Nahmias S, Smith S A. 1994. Optimizing Inventory Levels in a Two-Echelon Retailer System with Partial Lost Sales [J]. Management Science, 40 (5): 582 – 596.

[121] Ouyang L Y, Chuang B R, Lin Y-J. 2007. The inter-dependent reductions of lead time and ordering cost in periodic review inventory model with backorder price discount [J]. International Journal of Information and Management Sciences, 18 (3): 195 – 208.

[122] Ouyang L Y, Chuang B R. 1999. (Q, R, L) invento-

ry model involving quantity discounts and a stochastic backorder rate [J]. Production Planning & Control, 10 (5): 426 - 433.

[123] Ouyang L Y, Chuang B R. 2001. Mixture inventory model involving variable lead time and controllable backorder rate [J]. Computers & Industrial Engineering, 40 (4): 339 - 348.

[124] Ouyang L Y, Yeh N C, Wu K S. 1996. Mixture inventory models with backorders and lost sales for variable lead time [J]. Journal of the Operational Research Society, 47 (6): 829 - 832.

[125] Padmanabhan G, Vrat P. 1990. Inventory model with a mixture of back orders and lost sales [J]. International Journal of Systems Science, 21 (8): 1721 - 1726.

[126] Padmanabhan G, Vrat P. 1995. EOQ model for perishable items under stock dependent selling rate [J]. European Journal of Operational Research, 86 (2): 281 - 292.

[127] Pal A K, Bhunia A K, Mukherjee R N. 2005. A marketing-oriented inventory model with three-component demand rate dependent on displayed stock level (DSL) [J]. Journal of the Operational Research Society, 56 (1): 113 - 118.

[128] Pal A K, Bhunia A K, Mukherjee R N. 2006. Optimal lot size model for deteriorating items with demand rate dependent on displayed stock level (DSL) and partial backordering [J]. European Journal of Operational Research, 175 (2): 977 - 991.

[129] Pan A C H, Yang J S. 2002. A study of an integrated inventory with controllable lead time [J]. International Journal of production research, 40 (5): 1263 - 1273.

[130] Pan J C H, Hsiao Y C. 2001. Inventory models with back-

order discounts and variable lead time [J]. International Journal of Systems Science, 32 (7): 925 – 929.

[131] Pan J C H, Hsiao Y C. 2005. Integrated inventory models with controllable lead time and backorder discount considerations [J]. International Journal of Production Economics, 93 – 94 (8): 387 – 397.

[132] Pan J C H, Lo M C, Hsiao Y C. 2004. Optimal reorder point inventory models with variable lead time and backorder discount consideration [J]. European Journal of Operational Research, 158 (2): 488 – 505

[133] Papachristos S, Skouri K. 2000. An optimal replenishment policy for deteriorating items with time-varying demand and partial-exponential type-backlogging [J]. Operations Research Letters, 27 (4): 175 – 184.

[134] Papachristos S, Skouri K. 2003. An inventory model with deteriorating items, quantity discount, pricing and time-dependent partial backlogging [J]. International Journal of Production Economics, 83 (3): 247 – 256.

[135] Park K S. 1982. Inventory model with partial backorders [J]. International Journal of Systems Science, 13 (12): 1313 – 1317.

[136] Park K S. 1983. Another inventory model with a mixture of backorders and lost sales [J]. Naval Research Logistics Quarterly, 30 (3): 397 – 400.

[137] Pentico D W, Drake M J, Toews C. 2009. The deterministic EPQ with partial backordering: A new approach [J]. Omega, 37 (3): 624 – 636.

[138] Peterson R, Silver E A. 1979. Decision Systems for Inventory Control and Production Management [M]. New York: John Wiley and Sons.

[139] Png I P L, Reitman D. 1994. Service time competition [J]. RAND Journal of Economies, 25 (4): 619 –634.

[140] Porteus E L. 1985. Investing in Reduced Setups in the EOQ Model [J]. Management Sciecne, 31 (8): 998 – 1010.

[141] Ronald R, Yang G K, Chu P. 2004. Technical note: The EOQ and EPQ models with shortages derived without derivatives [J]. International Journal of Production Economics, 92 (2): 197 – 200.

[142] Rong M, Mahapatra N K, Maiti M. 2008. A two warehouse inventory model for a deteriorating item with partially/fully backlogged shortage and fuzzy lead time [J]. European Journal of Operational Research, 189 (1): 59 –75.

[143] Rosenberg D. 1979. A new analysis of a lot-size model with partial backlogging [J]. Naval Research Logistics Quarterly, 26 (2): 349 –353.

[144] Ross S M. 1996. Stochastic Processes, 2nd ed. [M]. Chichester, UK: Wiley.

[145] San Jose L A, Garcia-Laguna J. 2009. Optimal policy for an inventory system with backlogging and all-units discounts: Application to the composite lot size model [J]. European Journal of Operational Research, 192 (3): 808 –823.

[146] San Jose L A, Sicilia J, Garcia-Laguna J. 2005. An inventory system with partial backlogging modeled according to a linear

function [J]. Asia – Pacific Journal of Operational Research, 22 (2): 189 – 209.

[147] San Jose L A, Sicilia J, Garcia-Laguna J. 2006. Analysis of an inventory system with exponential partial backordering [J]. International Journal of Production Economics, 100 (1): 76 – 86.

[148] Sarma K V S. 1983. A deterministic inventory model with two level of storage and an optimum release rule [J]. Operation Research, 20 (3): 175 – 180.

[149] Shah Y K. 1977. An order-level lot size inventory model for deteriorating items [J]. AIIE Transactions, 9 (1): 108 – 112.

[150] Skouri K, Konstantaras I, Papachristos S, et al. 2009. Inventory models with ramp type demand rate, partial backlogging and Weibull deterioration rate [J]. European Journal of Operational Research, 192 (1): 79 – 92.

[151] Skouri K, Papachristos S. 2002. A continuous review inventory model, with deteriorating items, time-varying demand, linear replenishment cost, partially time-varying backlogging [J]. Applied Mathematical Modelling, 26 (5): 603 – 617.

[152] Skouri K, Papachristos S. 2003. Optimal stopping and restarting production times for an EOQ model with deteriorating items and time-dependent partial backlogging [J]. International Journal of Production Economics, 81 – 82 (1): 525 – 531.

[153] Sphicas G P. 2006. EOQ and EPQ with linear and fixed backorder costs: Two cases identified and models analyzed without calculus [J]. International Journal of Production Economics, 100 (1): 59 – 64.

[154] Steven N. 1975. On ordering perishable inventory under erlang demand [J]. Naval Research Logistics Quarterly, 22 (3): 415 – 425.

[155] Teng J T, Chang C T. 2005. Economic production quantity models for deteriorating items with price-and stock-dependent demand [J]. Computers & Operations Research, 32 (2): 297 – 308.

[156] Teng J T, Chang H J, Dye C Y, et al. 2002. An optimal replenishment policy for deteriorating items with time-varying demand and partial backlogging [J]. Operations Research Letters, 30 (6): 387 – 393.

[157] Teng J T, Yang H L, Ouyang L Y. 2003. On an EOQ model for deteriorating items with time-varying demand and partial backlogging [J]. Journal of the Operational Research Society, 54 (4): 432 – 436.

[158] Thangam A, Uthayakumar R. 2008. A two-level supply chain with partial backordering and approximated Poisson demand [J]. European Journal of Operational Research, 187 (1): 228 – 242.

[159] Tsao Y C, Sheen G J. 2007. Joint pricing and replenishment decisions for deteriorating items with lot-size and time-dependent purchasing cost under credit period [J]. International Journal of Systems Science, 38 (2): 549 – 561.

[160] Wang S P. 2002. An inventory replenishment policy for deteriorating items with shortages and partial backlogging [J]. Computers & Operations Research, 29 (14): 2043 – 2051.

[161] Warrier T V, Shah N H. 1999. Lot-size model with partial backlogging when the amount received is uncertain for deteriorating

items [J]. International Journal of Systems Science, 30 (2): 205 – 210.

[162] Wee H M, Law S T. 1999. Economic production lot size for deteriorating items taking account of the time-value of money [J]. Computers & Operations Research, 26 (6): 545 – 558.

[163] Wee H M, Law S T. 2001. Replenishment and pricing policy for deteriorating items taking into account the time-value of money [J]. International Journal of Production Economics, 71 (3): 213 – 220.

[164] Wee H M, Wang W T. 1999. A variable production scheduling policy for deteriorating items with time-varying demand [J]. Computers and Operations Research, 26 (2): 237 – 254.

[165] Wee H M, Yu J. 1997. A deteriorating inventory model with a temporary price discount [J]. International Journal of Production Economics, 53 (1): 81 – 90.

[166] Wee H M. 1993. Economic production lot size model for deteriorating items with partial back-ordering [J]. Computers & Industrial Engineering, 24 (3): 449 – 456.

[167] Wee H M. 1995. Joint pricing and replenishment policy for deteriorating inventory with declining market [J]. International Journal of Production Economics, 40 (4): 163 – 171.

[168] Wee H M. 1999. Deteriorating inventory model with quantity discount, pricing and partial backordering [J]. International Journal of Production Economics, 59 (1 – 3): 511 – 518.

[169] Wu J W, Tsai H Y. 2001. Mixture inventory model with back orders and lost sales for variable lead time demand with the mix-

tures of normal distribution [J]. International Journal of Systems Science, 32 (2): 259 – 268.

[170] Wu K S, Ouyang L Y, et al. 2007. Integrated vendor-buyer inventory system with sublot sampling inspection policy and controllable lead time [J]. International Journal of Systems Science, 38 (4): 339 – 350.

[171] Wu K S, Ouyang L Y, Yang C T. 2006. An optimal replenishment policy for non-instantaneous deteriorating items with stock-dependent demand and partial backlogging [J]. International Journal of Production Economics, 101 (2): 369 – 384.

[172] Yang G K, Chou S Y, Hung C Y, et al. 2008. Research note on the criteria for the optimal solution of the inventory model with a mixture of partial backordering and lost sales [J]. Applied Mathematical Modelling, 32 (9): 1758 – 1768.

[173] Yang H L, Wee H M. 2006. A collaborative inventory system with permissible delay in payment for deteriorating items [J]. Mathematical and Computer Modelling, 43 (3 – 4): 209 – 221.

[174] Yang P C, Wee H M, Wee K P. 2006. An integrated vendor-buyer inventory model with perfect and monopolistic competition s: an educational note [J]. International Transactions in Operational Research, 13 (1): 75 – 83.

[175] Yao J S, Su J S. 2000. Fuzzy inventory with backorder for fuzzy total demand based on interval-valued fuzzy set [J]. European Journal of Operational Research, 124 (2): 390 – 408.

[176] You P S, Hsieh Y C. 2007. An EOQ model with stock and price sensitive demand [J]. Mathematical and Computer Model-

ling, 45 (7 – 8): 933 – 942.

[177] Zequeira R I, Duran A, Gutierrez G. 2005. A mixed inventory model with variable lead time and random back-order rate [J]. International Journal of Systems Science, 36 (6): 329 – 339.

[178] Zhao X B, Fan F, Liu X L, et al. 2007. Storage-space capacitated inventory system with (r, Q) policies [J]. Operations Research, 55 (5): 854 – 865.

[179] Zhou Y W, Wang S D. 2009. Manufacturer-buyer coordination for newsvendor-type-products with two ordering opportunities and partial backorders [J]. European Journal of Operational Research, 198 (3): 958 – 974.